HEINRICH DER GLICHESAERE
FUCHS REINHART

Heinrich der Glichesaere

FUCHS REINHART

mittelhochdeutsch
neuhochdeutsch

1977
Röderberg-Verlag G.m.b.H.
Frankfurt am Main

NEUHOCHDEUTSCHE PROSAFASSUNG,
NACHWORT UND ANMERKUNGEN
VON WOLFGANG SPIEWOK
MIT 12 HOLZSCHNITTEN VON THEA KOVAŘ

(1977)

FUCHS REINHART

Ditz buch heizet vuchs Reinhart
Got gebezzer vnser vart

Uernemet vremde mere,
die sint vil gewere,
von eime tiere wilde,
da man bi mag bilde
5 nemen vmme manige dinch.
iz keret allen sinen gerinch
an trigen vnd an chvndikeit,
des qvam iz dicke in arbeit.
Iz hate vil vnchvste erkant
10 vnd ist Reinhart vuchs genant.
 Nv sol ich evch wizzen lan,
wa von die rede ist getan.
ein gebvre vil riche
der saz gemeliche
15 bei einem dorfe vber eim velt,
da hat er erbe vnde gelt,
korn vnde hirsez genvc,
vil harte eben gienc sin pfluc.
der was geheizen Lanzelin,
20 babe Rvnzela daz wip sin.
er hatte eine groze clage:
er mvste hvten alle tage
siner hvner vor Reinharte.
sin hove vnde sin garte
25 waz niht bezvnet zv vrvmen.
da von mvst er dicke kvmen
zv schaden, den er vngerne sach.
babe Rvnzela zv im sprach:
'alder govch Lanzelin,
30 nv han ich der hvner min
von Reinharte zehen verlorn,
daz mvet mich vnde ist mir zorn.'
meister Lanzelin was bescholten,
daz ist noch vnvergolten;
35 doch er des niht enliez,
er tete, als in babe Rvnzela hiez:
einin zvn macht er vil gvt,

Diese Dichtung heißt „Fuchs Reinhart"[1]. Gott gebe uns seinen Segen.

Vernehmt nun die merkwürdigen Geschichten von einem wilden, ungezähmten Tier, die sich tatsächlich so zugetragen haben und die man als bildhaftes Gleichnis für mancherlei andere Dinge begreifen kann. All sein Streben war auf Betrug und List gerichtet, so daß es selbst oft in schwierige Situationen geriet. Hinterlistige Ränke standen ihm in Fülle zu Gebot, und genannt wurde es Fuchs Reinhart.

Nun sollt ihr erfahren, wovon die Geschichte handelt: Am Rande eines Dorfes, wo das Feld beginnt, lebte frohgemut ein wohlhabender Bauer. Besitz und Einkünfte, Korn und Hirse hatte er vollauf, und seine Wirtschaft war gut in Schuß. Er hieß Lanzelin und seine Frau „Mutter" Runzela. Eine Sache verdroß ihn freilich sehr: Stets und ständig mußte er seine Hühner vor Reinhart hüten. Sein Hof und sein Garten waren nicht fest genug eingezäunt, so daß er oft zähneknirschend hingenommene Verluste erlitt.
Mutter Runzela fuhr ihn an: „Alter Tölpel Lanzelin! Nun habe ich schon zehn von meinen Hühnern durch Reinhart verloren. Das verdrießt mich und macht mich ganz fuchtig."
So wurde Meister Lanzelin ausgescholten, und er mußte es sich gefallen lassen. Es blieb ihm also nichts weiter übrig, als die Mahnung der Mutter Runzela ernst zu nehmen. So errichtete er eine feste Umzäunung, in der er den Hahn

```
       dar inne wand er han behvt
       Scanteclern vnde sin wip,
   40  den riet Reinhart an den lip.
       eines tages, do di svnne vf gie,
       Reinhart do niht enlie,
       ern gienge zv dem hove mit sinnen:
       do wolt er einer vnminnen
   45  Scanteclern bereiten,
       ovch brachten zv erbeiten.
       der zvn dovcht in zv dicke vnde ze hoch,
       mit den zenen er dannen zoch
       einen spachen vnde senete sich do.
   50  als er niman sach, des was er vro.
       nu want er sich dvrch den hag,
       vil nahen er Schanteclere lag,
       sin verchvint Reinhart.
       die henne Pinte sin gewar wart.
   55  Scantecler bi der want slief,
       vor Pinte schre: 'er!' vnde rief
       vnde vloch bi eine swellen
       mit andern iren gellen.
       Scantecler qvam gerant
   60  vnde hiez si wider zv der want
       strichen vil schire:
       'irn dvrft vor keinem tiere
       nimmer vf erwarten
       in disem bezvntem garten.
   65  doch bitet got, vil liben wip,
       daz er mir beschirme minen lip.
       mir ist getrovmet sware,
       daz sag ich evch ze ware,
       wie ich in einem roten bellitz solte sin,
   70  daz hovbetloch was beinein.
       ich vurchte, daz sin arbeit.
       dem heiligen engel sei iz geseit,
       der erschein mirs zv gvte!
       mir ist swere ze mvte.'
   75  vrowe Pinte sprach: 'er vnde trvt,
       ich sach sich regen in ienem chrut:
       mich entrigen mine sinne,
       hi ist ich enweiz was vbeles inne.
```

Schantecler[2] samt dessen Frau wohl behütet wähnte. Denen trachtete nämlich Reinhart nach dem Leben.

Eines Tages, als die Sonne aufging, begab sich Reinhart zum Hofe, um seinen Anschlag auszuführen. Er wollte Schantecler eine böse Überraschung bereiten und brachte ihn auch richtig in große Bedrängnis. Der Zaun schien ihm zu fest und zu hoch; daher riß er mit den Zähnen eine Latte los und duckte sich. Als er niemanden erblickte, lachte er stillvergnügt in sich hinein. Nun zwängte er sich durch den Zaun, so daß Schanteclers Todfeind Reinhart ganz in dessen Nähe lag. Da erblickte ihn die Henne Pinte[3], während Schantecler an der Hausmauer schlummerte. Pinte schrie laut: „Seht Euch vor, Herr!" und flog mit ihren Gefährtinnen auf einen Balken. Da kam Schantecler herbeigelaufen und befahl ihr, sofort wieder zur Mauer herabzufliegen. „Ihr braucht Euch doch in diesem eingezäunten Garten vor keinem Tier mehr zu fürchten! Doch bittet Gott, ihr lieben Frauen, daß er mein Leben behüte. Ich hatte – wenn ich die Wahrheit sagen soll – einen schweren Traum. Ich steckte in einem roten Pelz, der einen knöchernen Kragen hatte. Ich fürchte, das ist ein böses Omen. Der heilige Schutzengel sei gemahnt, mir den Traum zum Guten zu kehren. Mein Herz ist voller trüber Ahnungen."

Frau Pinte sprach: „Herr und Gemahl, ich sah Bewegung dort in jenem Gesträuch. Wenn mich meine Augen nicht

              der riche got beschirme dich!
80 mir gat vber erklich.
    mir growet so, ich vurchte, wir
    ze noten komen, daz sag ich dir.'
    Scantecler sprach: 'sam mir min lip,
    mer verzaget ein wip,
85 danne tvn viere man.
    dicke wir vernvmen han,
    daz sich erscheinet, daz ist war,
    manic trovm vber siben iar.'
    vor Pinte sprach: 'lazet ewern zorn
90 vnde vliget vf disen dorn.
    gedenket wol, daz unser kint
    leider harte cleine sint.
    verlusest dv, herre, dinen lip,
    so muz ich sin ein rvwic wip
95 vnd vmberaten immer mer.
    mir tvt min herze vil wundern we[ ],
    wen ich so sere vurchte din.
    nv beschirme dich vnser trehtin!'
    Scantecler vf den dorn vloch,
100 Reinhart in er abe trovch.
    Pinte schire vliende wart,
    vnder den dorn lief Reinhart.
    Scantecler im ze hohe saz,
    Reinhart begonde in im daz
105 sine liste, die er hat.
    er sprach: 'wer ist, der da vf stat?
    bistv daz, Sengelin?'
    'nein ich', sprach Scantecler, 'ich enpin;
    also hiez der vater min.'
110 Reinhart sprach: 'daz mac wol sin.
    nv rewet mich dines vater tot,
    wen der dem minnisten ere bot;
    wan trewe vndir kvnne
    daz ist michel wunne.
115 dv gebares zv vntare,
    daz sag ich dir zware.
    din vater was des minen vro,
    ern gesaz svst hohe nie also,
    gesæch er den vater min,

täuschen, lauert darin irgendeine Gefahr. Der mächtige Gott beschirme dich! Ich habe eine schlimme Ahnung. Ich ängstige mich und fürchte, wir kommen in Bedrängnis. Das muß ich dir schon sagen."
Schantecler sprach überlegen: „Bei meinem Leben, eine Frau fühlt mehr Ängste als vier Männer zusammen. Man hat doch oft genug versichern hören, daß mancher Traum erst nach sieben Jahren in Erfüllung geht."
Frau Pinte sprach: „Laßt Euern Zorn fahren und fliegt lieber auf jenen Dornbusch dort. Denkt doch daran, daß unsere Kinder noch sehr klein sind. Verlierst du, o Herr, dein Leben, so läßt du mich schmerzerfüllt und völlig hilflos zurück. Mein Herz ist betrübt, denn ich bin in großer Angst um dich. Unser Herrgott möge dich behüten!"
Da flog Schantecler auf den Dornbusch (von dem ihn Reinhart später herablistete).
Pinte ergriff rasch die Flucht, denn nun lief Reinhart unter den Dornbusch. Da Schantecler für ihn zu hoch saß, besann sich Reinhart auf seinen wohlbekannten Listenreichtum.
Er sprach: „Wer ist es, der da oben steht? Bist du es, Sengelin[4]?"
„Nein", sprach Schantecler, „das bin ich nicht. So hieß mein Vater."
Reinhart sprach: „Das kann schon sein. Wie schmerzt mich deines Vaters Tod, denn er begegnete selbst dem Geringsten mit Ehrerbietung. Gegenseitige Zuverlässigkeit unter Verwandten ist ein großes Glück. Du aber verhältst dich recht unfreundlich, das will ich dir offen sagen. Dein Vater war meinem Vater gewogen und setzte sich in seiner Gegenwart nie in solcher Höhe nieder. Sobald er meinen Vater

120 erne vlvge zv ime vnde hiez in sin
 willekvmen, ovch vermeit er nie,
 ern swunge sine vitichen ie,
 iz were spate oder vru,
 die ovgen tet er beide zv
125 vnde sang im als ein vrolichez hvn.'
 Scantecler sprach: 'daz wil ich tvn,
 iz larte mich der vater min:
 dv solt groz wilkvmen sin.'
 di vitich begond er swingen
130 vnde vrolich nider springen.
 des was dem toren ze gach,
 daz gerowe in sere dar nach.
 slinzende er singende wart,
 bi dem hovbete nam in Reinhart.
135 Pinte schrei vnde begonde sich missehaben,
 Reinhart tet niht danne draben
 vnde hvb sich wundernbalde
 rechte hin gegn dem walde.
 den schal vernam meister Lanzelin,
140 er sprach: 'owe der hvner min!'
 Scantecler sprach ze Reinharte:
 'war gahet ir svst harte?
 wes lazet ir evch disen gebvr beschelten?
 mvgt ir iz im niht vergelten?'
145 'ia ich, sam mir!', sprach Reinhart,
 ( ) 'ir gat ein vppige vart.'
 Scantecler was vngerne do.
 als er im entweich, da want er sam vro
 den hals vz Reinhartes mvnde.
150 er vlovc zv der stvnde
 vf einen bovm, do er genas.
 Reinhart harte trvric was.
 zv hant Scantecler sprach,
 do er Reinharten vnder im sach:
155 'dv hast mir gedinet ane danc,
 der weck dovchte mich ze lanc,
 da dv mich her hast getragen.
 ich wil dir fvrwar sagen:
 dvne brengest mich dar wider niht,
160 swaz darvmme mir geschiht.'

erblickte, flog er zu ihm und entbot ihm sein Willkommen. Ob früh oder spät, er ließ es sich nicht nehmen, mit den Flügeln zu schlagen, beide Augen zuzukneifen und ihm – wie vergnügte Hühner es tun – ein Lied zu singen."
Schantecler sprach: „Da mir mein Vater ein solches Beispiel gab, will ich ein Gleiches tun: Du sollst mir herzlich willkommen sein."
Dann flatterte er mit den Flügeln und sprang vergnügt herab. (Der Tölpel hatte es gar zu eilig, was ihn später sehr gereuen sollte.) Als er mit zugekniffenen Augen zu krähen begann, packte ihn Reinhart beim Kopf. Pinte schrie und war untröstlich. Reinhart aber setzte sich in Trab und begab sich in großer Eile zum Walde hin.
Meister Lanzelin hörte den Lärm. Er rief: „O weh, meine Hühner!"
Schantecler sprach zu Reinhart: „Was eilt Ihr so sehr, und warum laßt Ihr Euch von diesem Bauern beschimpfen? Wollt Ihr es ihm nicht heimzahlen?"
„Fürwahr, das will ich", sprach Reinhart. Und zum Bauern: „Spart Euer unnützes Geschrei!"
Schantecler fühlte sich durchaus nicht wohl in seiner Lage. Als der Fuchs die Zähne beim Sprechen lockerte, riß er erleichtert den Hals aus dessen Rachen und flog rasch auf einen Baum, wo er sicher war. Reinhart aber zeigte sich sehr betrübt.
Als Schantecler Reinhart so unter sich sah, rief er ihm zu: „Du hast mir ohne Lohn gedient. Der Weg, den du mich bis hierher getragen hast, schien mir reichlich lang. Ich kann dir versichern: Zurück bringst du mich nicht wieder, was mir auch deswegen geschehen mag."

>   Reinhart horte wol den spot,
>   er sprach: 'er ist tvmb, sam mir got,
>   der mit schaden richit,
>   daz man im gesprichit,
> 165 oder swer danne ist claffens vol,
>   so er von rechte swigen sol.'
>   do sprach Scantecler: 'er were
>   weizgot nicht alwere,
>   swer sich behvtete ze aller zit.'
> 170 do schiet sich der spot vnde ir strit.
>   meister Lanzelin gienc da her nach,
>   Reinharten wart dannen gach.
>   im was ane maze zorn,
>   daz er hatte verlorn
> 175 sin inbiz, daz er wande han.
>   vil harte in hvngern began.
>   Do gehort er ein meyselin.
>   er sprach: 'got grvze evch, gevater min!
>   ich bin in einem geluste,
> 180 daz ich gerne chvste,
>   wan, sam mir got der riche,
>   dv gebares zv vremdicliche.
>   gevatere, dv solt pflegen trewen!
>   nv mvze iz got rewen,
> 185 daz ich ir an dir niht envinde!
>   sam mir die trewe, die ich dinem kinde
>   bin schvldic, daz min bate ist,
>   ich bin dir holt ane arge list!'
>   die meyse sprach: 'Reinhart,
> 190 mir ist vil manic vbel hart
>   von dir gesaget dicke.
>   ich vurchte din ovgenblicke,
>   di sint grvlich getan.
>   nv laz si ze samen gan,
> 195 so kvsse ich dich an dinen mvnt
>   mit gvtem willen dristvnt.'
>   Reinhart wart vil gemeit
>   von der cleinen leckerheit,
>   er vrevte sich vaste.
> 200 dannoch stvnt sin gevatere ho vf einem aste
>   Reinhart blinzete sere

Reinhart hörte gar wohl den Spott und sprach: „Bei Gott, töricht ist, wer Schelte zu entgelten sucht und dafür noch Schaden nimmt, oder wer das Maul aufreißt, wenn er besser schweigen sollte."
Da sprach Schantecler: „Und töricht wäre, weiß Gott, der, der nicht zu aller Zeit Vorsicht übt."
Damit hatten Spott und Streit ein Ende. Da Meister Lanzelin ihnen nacheilte, gab Reinhart rasch Fersengeld. Ein ungeheurer Zorn erfüllte ihn, hatte er doch die schon sicher geglaubte Mahlzeit verloren. Nun begann ihn der Hunger um so mehr zu plagen.

Da hörte Reinhart ein Meislein singen. Er sprach: „Gott zum Gruß, liebe Gevatterin. Ich fühle das Verlangen, Euch einen Kuß zu geben, doch – beim allmächtigen Gott – du verhältst dich zu abweisend. Gevatterin, du solltest mir gegenüber freundliche Gesinnung hegen, denn Gott wird es betrüben, wenn ich sie bei dir nicht finde. Bei der Aufrichtigkeit, die ich deinem Kinde, meinem Patenkinde, schulde: Ich bin dir ohne jede Hinterlist wohlgesonnen."
Die Meise sprach: „Reinhart, ich habe dir oft so manche üble Eigenschaft nachsagen hören. Auch ängstigen mich deine furchterregenden Augen. Schließe sie, so will ich dich gern dreimal auf den Mund küssen."
Reinhart war ob des kleinen Schelmenstückes, das er beabsichtigte, von Herzen froh und freute sich diebisch. Während seine Gevatterin hoch über ihm auf einem Ast saß, drückte Reinhart – ihrem Wunsche entsprechend – beide

       nach siner gevatern lere.
       ein mist si vnder irn fvz nam,
       von aste ze aste si qvam
205　vnde liez ez im vallen an den mvnt.
       do wart ir vil schire chvnt
       irz gevatern schalkeit:
       die zene waren ime gereit,
       daz mist er do begripfte,
210　sin gevater im entwischte.
       er hat harte grozen vliz
       vm einen swachen inbiz.
       des wart er trvric vnde vnvro,
       er sprach: 'herre, wie kvmt ditz so,
215　daz mich ein voglin hat betrogen?
       daz mvet mich, daz ist vngelogen.'
　　　Reinhart kvndikeite pflac,
       doch ist hevte niht sin tac,
       daz iz im nach heile mvge ergan.
220　do sach er vil ho stan
       einen raben, der hiez Dizelin,
       der hatte mit den listen sin
       einen newen kese gewunnen.
       des begond er im vbel gvnnen,
225　daz er in solde pizin an in.
       do kart er allen sinen sin,
       daz ern im abe betrvge
       mit einer kvndiclichen lvge.
       Reinhart vnder den bovm saz,
230　da der rabe den kese vf gaz.
       er sprach: 'bist dv diz, Dizelin?
       nv frewet sich der neve din,
       daz ich dich bi mir han gesehen,
       mir en mochte liber niht geschehen
235　an deheiner slachte dinge.
       ich horte gerne din singen,
       ob ez were dines vater wise,
       der klafte wol ze prise.'
       do sprach Dizelin:
240　'ichn schelte nicht den vater min.
       vur war sag ich dir daz:
       izn gesanc nie dehein min vordern baz,

Augen zu. Sie aber packte mit ihrem Fuß ein Kotstück, hüpfte von Ast zu Ast und ließ es am Ende auf seinen Rachen fallen. Da ward ihr sogleich die Hinterlist ihres Gevatters offenbar. Seine Zähne hatten auf diesen Augenblick nur gewartet, und er schnappte nach dem Kotstück, während seine Gevatterin ihm entwischte. So hatte er große Mühe auf eine wenig ergiebige Mahlzeit verwandt. Darüber wurde er traurig und bekümmert. Er sprach zu sich: ‚O Gott, wie konnte es geschehen, daß mich ein Vöglein zu überlisten vermochte. Dies bedrückt mich wirklich sehr.'

Wohl steckte Reinhart voller Verschlagenheit, doch dieser Tag war offenbar kein glücklicher für ihn. Da sah er hoch auf einem Baum einen Raben mit Namen Dizelin[5], der eben listig einen frischen Käse gestohlen hatte. Sogleich war er voller Mißgunst, daß dieser Käse einen anderen laben sollte und nicht ihn. Daher überlegte er angestrengt, mit welch geschickter Lüge er ihn dem Raben ablisten könne.

Reinhart setzte sich unter den Baum, auf dem der Rabe sich an dem Käse gütlich tat, und sprach: „Bist du es, Dizelin? Es freut sich dein Gevatter, dich wiederzusehen. Ich kann mir keine größere Freude denken. Gern hörte ich dich singen, da ich wissen möchte, ob du es so gut kannst wie dein Vater; der trillerte ganz vorzüglich."

Da sprach Dizelin: „Ich will zwar meinen Vater nicht her absetzen, doch ich sage dir wahr und wahrhaftig, daß keiner meiner Vorfahren besser sang als ich; diese Begabung macht mich froh und stolz zugleich."

den ich tvn, des bin ich vro.'
lvte began er singen do,
245 daz der walt von der stimme erdoz.
Reinhartes bete wart aber groz,
daz er erhorte sine wise.
do vergaz er vf dem rise
des keses, do er erhvb daz liet.
250 done wande Reinhart niht,
ern solde inbizin san ze stvnt.
der kese viel im vur den mvnt.
 Nv horet, wie Reinhart,
der vngetrewe hovart,
255 warb vmb sines neven tot.
daz tet er doch ane not.
Er sprach: 'lose, Dizelin,
hilf mir, trvt neve min!
dir ist leider miner not niht kvnt:
260 ich wart hvte vrowe wunt;
der kese liet mir ze nahen bi.
er smecket sere, ich vurcht, er si
mir zv der wunden schedelich.
trvt neve, nv bedenke mich!
265 dines vater trewe waren gvt,
ovch hore ich sagen, daz sippeblvt
von wazzere niht vertirbet.
din neve alsvst erstirbet.
daz macht dv erwenden harte wol.
270 vom stanke ich grozen kvmmer dol.'
Der rabe zehant hinnider vlovc,
dar in Reinhart betrovc.
er wolde im helfen von der not
dvrch trewe, daz was nach sin tot.
275 Reinhart heschen began.
der rabe wolde nemen dan
den kese, er wandes haben danc.
Reinhart balde vf spranc,
gelich als er niht were wunt.
280 do tet er sinem neven kvnt
sin trewe, ern weste niht, was er an im rach:
vil er im do vz brach
der vedern, daz er im entran mit not,

Darauf begann er laut zu singen, so daß der ganze Wald von seiner Stimme erschallte. Erneut bat ihn Reinhart eindringlich, ihn seinen Gesang hören zu lassen. Als der Rabe sein Lied anstimmte, vergaß er den Käse auf dem Ast. Während Reinhart schon nicht mehr an eine Mahlzeit glaubte, fiel ihm der Käse genau vor das Maul.

Nun hört, wie Reinhart, der falsche Schurke, seinem Gevatter ohne jeden Grund ans Leben wollte.
Er sprach: „Höre, Dizelin! Hilf mir, lieber Gevatter! Leider weißt du nichts von meinen Qualen. Heute früh zog ich mir eine Wunde zu. Nun liegt der Käse hier neben mir und stinkt schrecklich. Ich fürchte, daß dies meiner Wunde schaden wird. Lieber Gevatter, kümmere dich doch um mich! Auf deinen Vater war immer Verlaß. Auch hört man, daß Familienbande unlöslich sind. Dein Gevatter stirbt, und du allein kannst es leicht verhindern! Der Gestank bereitet mir große Pein."
Der Rabe fiel auf den Betrug des Fuchses herein und flog herab. Hilfsbereit wollte er ihn von der Pein erlösen und verlor dabei selbst fast das Leben. Reinhart begann zu stöhnen. Der Rabe wollte den Käse forttragen und meinte damit Dank zu ernten. Im Nu sprang Reinhart auf, und von einer Verwundung war nichts zu merken. Nun bewies er dem Gevatter seine „Treue", ohne daß er hätte sagen können, wofür er sich an ihm rächte: Er riß ihm zahlreiche Federn aus, und nur mit knapper Not konnte der Rabe

    der neve was Reinharte ze rot.
285 do wolde vlihen Reinhart.
    do was kvmen vf sine vart
    ein ieger mit hvnden vil gut,
    des wart trvric sin mvt.
    er liez in svchen viere,
290 die vunden in vil schire.
    den inbiz mvst er da lan,
    sin neve svlt in von rechte han.
    do sprvngen an in die hvnde.
    swaz sin neve kvnde
295 ze tvn, daz im tete we,
    daz tet er: vaste er vf in schre,
    wan erzvrnet was sin mvt.
    er sprach: 'daz ein gebvr dem andern tvt,
    kvmet dicke lon, des hore ich iehen.
300 neve, also ist evch geschen.'
    Reinhart vme die hvnde lief,
    der rabe ovch die wile niht enslief,
    er wisete die hvnde vf sinen zagel.
    ern dorfte niht haben erklichern hagil:
305 die hvnde begvnden in rvppfen,
    der ieger vaste stoppfen.
    do was im kvndikeite zit.
    er sihet, wo ein rone lit,
    dar vnder tet er einen wanc.
310 manic hvnt dar vber spranc.
    der ieger hetzte balde,
    Reinhart gienc ze walde.
      Die katze Diepreht im wider gienc,
    Reinhart si al vmbe vienc.
315 er sprach: 'willekvme, neve, tvsent stvnt!
    daz ich dich han gesehen gesvnt,
    des bin ich vro vnde gemeit.
    mir ist von dir snellekeit vil geseit,
    daz solt dv mich lazen sehen.
320 ist iz war, so wil ich iz iehen.'
    Dipreht sprach do:
    'neve Reinhart, ich bin vro,
    daz dir von mir ist wol geseit.
    min dinest sol dir sin bereit.'

entrinnen. Hinterlistig genug hatte sich Reinhart seinem Gevatter gegenüber gezeigt.

Doch Reinhart mußte fliehen, denn ein Jäger mit scharfen Jagdhunden war ihm auf die Spur gekommen. Darüber war er höchst verdrossen, denn der Jäger ließ die vier Hunde nach ihm suchen, die ihn auch bald aufgespürt hatten. Seine Mahlzeit mußte er liegenlassen, zu Recht erhielt sie sein Gevatter zurück. Als die Hunde heranhetzten, tat der Rabe alles, was er seinem Gevatter zum Schaden tun konnte. Mit lautem Geschrei verriet er dessen Versteck, denn er war sehr erzürnt.

Er schrie: „Was ein Bauer dem andern tut, wird oft vergolten, wie ich sagen hörte. Gevatter, das ist nun auch Euch widerfahren."

Reinhart machte einen Bogen um die Hunde, aber der Rabe war indes nicht still und wies den Hunden die Spur des Fuchses. Der hätte sich kein ärgeres Unheil denken können: Die Hunde, vom Jäger eifrig angetrieben, begannen ihn zu zausen, so daß er sich auf seine List besinnen mußte. Er hielt Ausschau, wo ein Baumstamm lag, unter den duckte er sich unvermittelt nieder, während die Hunde über ihn hinwegsprangen. Der Jäger hetzte sie weiter. Reinhart aber lief in den Wald.

Da kam ihm der Kater Diebrecht[6] entgegen. Reinhart schloß ihn in die Arme und sprach: „Tausendmal willkommen, lieber Gevatter! Wie froh und glücklich bin ich, dich bei guter Gesundheit zu sehen. Vieles schon habe ich von deiner Schnelligkeit gehört. Laß mich eine Probe sehen. Wenn es wahr ist, will ich dich rühmen."

Da sprach Diebrecht: „Gevatter Reinhart, ich bin froh, daß man dir von mir Gutes berichtet hat. Ich will dir gern zu Diensten sein."

325 Reinhart vntrewen pflac,
er wisete in, da ein drvck lac.
iz was ein bose neveschaft.
'nv wil ich sehen dine kraft!'
iz was ein enges phedelin,
330 er sprach: 'nv lovf, trvt neve min!'
Dipreht weste wol die valle.
er sprach: 'nv beschirme mich sente Galle
vor Reinhartes vbelen dingen.'
vber die vallen begond er springen
335 vnde lief harte sere.
an dem widerkere
sprach zv im Reinhart:
'nie kein tier sneller wart,
denne dv, trvt neve, bist.
340 ich wil dich leren einen list:
dv solt so hohe sprvnge ergeben,
dv macht verlisen wol din leben,
bestet dich ein stritiger hvnt.
mir ist svst getan geverte wol kvnt.'
345 Dipreht sprach: 'dv endarft noh niht iehen:
'lauf nach mir', ich laz dich sehen
edele sprvnge ane lygen.'
sie wolden beide ein ander betrigen.
Reinhart lief sinem neven nach,
350 donen was dem vorderen niht gach.
Dyprecht vber die vallen spranc
vnde gestvnt ane widerwanc.
an sinen neven stiez er sich,
deiswar, daz was niht vnbillich;
355 der vuz im in die vallen qvam.
Diprecht do vrlovp nam
vnde bevalch in Lucifere.
dannen hvb er sich schire.
Reinhart bleib in grozer not,
360 er wante, den grimmigen tot
vil gewislichen han.
do gesach er den weideman,
der die drvch dar het geleit.
do bedorfte er wol kvndikeit:
365 daz hovbet er vf di drvch hieng.

Reinhart aber hatte arglistige Hintergedanken. Er führte
ihn auf einen Weg, auf dem eine Falle aufgestellt war. Das
nennt man üble Vetternschaft! „Nun laß mich deine Kraft
sehen!" Es war aber ein ganz enger Pfad. Reinhart sprach:
„Lauf zu, mein lieber Gevatter!"
Diebrecht wußte von der Falle und sprach bei sich: ‚Nun
behüte mich, heiliger Gallus[7], vor den üblen Anschlägen
Reinharts!' Er sprang über die Falle hinweg und lief mit
aller Kraft.
Nachdem er zurückgekehrt war, sprach Reinhart zu ihm:
„Kein Tier ist schneller als du, lieber Gevatter. Ich will dich
aber einen Trick lehren: Du solltest die hohen Sprünge
lassen, denn wenn dich ein rauflustiger Hund anfällt, kannst
du auf diese Weise dein Leben verlieren. Ich bin in solchen
Kämpfen wohl erfahren!"
Diebrecht sprach: „Du sollst noch nicht urteilen. Lauf mir
nach, so will ich dir fürwahr gekonnte Sprünge zeigen."
Sie wollten aber einer den andern betrügen. Reinhart lief
seinem Gevatter nach, der es nun aber gar nicht eilig hatte.
Diebrecht übersprang die Falle und blieb dann wie an-
gewurzelt stehen. Reinhart prallte auf seinen Gevatter und
geriet wahrhaftig zu Recht mit einem Fuß in die Falle.
Diebrecht nahm darauf Abschied und empfahl den Fuchs
dem Teufel. Während er eilends fortlief, blieb Reinhart in
großer Not zurück. Er sah schon den grimmen Tod unab-
wendbar vor Augen, denn er erblickte den Jäger, der die
Falle aufgestellt hatte. Nun gebrauchte er eine List: Wie
tot ließ er seinen Kopf auf den Fallenbügel sinken. Der

    der gebvr lief balde vnde gieng.
    die kele was im wiz als ein sne:
    vumf schillinge oder me
    want er vil gewis han.
370 die axs er vfheben began
    vnde slvc, swaz er mochte erziehen.
    Reinhart mochte niht gevliehen,
    mit dem hovbte wanckt er hin baz,
    an der zit tet er daz.
375 der gebvr slvc, daz die drvhe brach,
    Reinharte nie liber geschach:
    er wonte han verlorn daz leben,
    sine kel was vm vunf schillige geben.
    Reinhart sich niht sovmte,
380 die herberge er rovmte,
    in dvchte da vil vngemach.
    der gebvr im iemerliche nach sach,
    er begonde sich selben schelden,
    er mvste mit anderm gvte gelden.
385   Do Reinhart die not vberwant,
    vil schire er den wolf Ysengrin vant.
    do er in von erst ane sach,
    nv vernemet, wie er do sprach:
    'got gebe evch, herre, gvten tac.
390 swaz ir gebietet vnde ich mac
    evch gedinen vnde der vrowen min,
    des svlt ir beide gewis sin.
    ich bin dvrch warnen her zv ev kvmen,
    wan ich han wol vernumen,
395 daz evch hazzet manic man.
    wolt ir mich zv gesellen han?
    ich bin listic, starc sit ir,
    ir mochtet gvten trost han zv mir.
    vor ewere kraft vnde von minen listen
400 konde sich niht gevristen,
    ich konde eine bvrc wol zebrechen.'
    do gienc Isengrim sich sprechen
    mit sinem wibe vnde mit sinen svnen zwein.
    sie wurden alle des in ein,
405 daz er in zv gevatern nam do,
    des wart er sint vil vnvro.

Bauer lief rasch herbei und besah den schneeweißen Kehlpelz des Fuchses. Fünf Schillinge[8] oder mehr schienen ihm dafür sicher. So hob er die Axt empor und schlug mit aller Kraft zu. Reinhart konnte nicht fliehen, doch er zuckte mit seinem Kopf im rechten Augenblick zur Seite. So zerbrach der Schlag des Bauern die Falle. Reinhart konnte sich nichts Besseres wünschen: Er hatte sich schon verloren gegeben; sein Pelz war bereits für fünf Schillinge verkauft worden. Ohne Zögern räumte Reinhart diese Stätte, die ihm recht ungemütlich schien. Kläglich sah ihm der Bauer nach und haderte mit sich, denn nun mußte er auf andere Weise nach Gewinn trachten.

Nachdem Reinhart dieser Gefahr glücklich entgangen war, begab er sich eilends zum Wolf Isengrin[9]. Hört zu, wie er ihn ansprach, als er ihn traf: „Gott gebe Euch, Herr, einen guten Tag! Was Ihr befehlt und was ich Euch wie Eurer edlen Frau an Diensten zu leisten vermag, soll gewißlich geschehen. Ich bin gekommen, Euch zu warnen, denn ich habe gehört, daß Ihr viele Feinde habt. Wollt Ihr mich zum Gefährten annehmen? Ich bin listig, während Ihr stark seid. So könntet Ihr an mir eine treffliche Hilfe haben. Eurer Kraft und meiner List könnte niemand widerstehen. Ich könnte durchaus eine Burg zerstören."

Da ging Isengrin beiseite, um sich mit seiner Frau und seinen Söhnen zu beraten. Sie kamen überein, er sollte ihn zum Gefährten annehmen (was ihn später sehr gereut hat). Rein-

    Reinhart wante sine sinne
    an Hersante minne
    vil gar vnde den dinest sin.
410 do hate aber er Ysengrin
    ein vbel gesinde zv ime genvmen,
    daz mvste im ze schaden kvmen.
    eines tages, do iz also qvam,
    Ysengrin sine svne zv im nam
415 vnde hvb sich dvrch gewin in daz lant.
    sin wip nam er bi der hant
    vnde bevalch si Reinharte sere
    an sine trewe vnde an sine ere.
    Reinhart warb vmb di gevatern sin.
420 do hat aber er Ysengrin
    einen vbelen kamerere.
    hi hebent sich vremde mere.
    Reinhart sprach zv der vrowen:
    'gevatere, mochtet ir beschowen
425 grozen kvmmer, den ich trage:
    von eweren minnen, daz ist min clage,
    bin ich harte sere wunt.'
    'Tv zv, Reinhart, dinen mvnt!'
    sprach er Ysengrinis wip,
430 'min herre hat so schonen lip,
    daz ich wol frvndes schal enpern.
    wold aber ich deheines gern,
    so werest dv mir doch zv swach.'
    Reinhart aber sprach:
435 'vrowe, ich sol dir liber sin,
    wer ez an den selden min,
    danne ein kvnic, der sine sinne
    bewant hat an dirre minne
    vnde ivch zv vnwerde wolde han.'
440 Nv qvam er Ysengrin, ir man.
    do tet der hobischere,
    alse der rede niht inwere.
    Isengrin ane rovb qvam,
    der hvnger ime die vrevde benam.
445 er saget sinem wibe mere,
    wie tewere iz an dem velde were:
    'mirn wart nie svlcher not kvnt',

hart trachtete nun danach, durch seine Dienstfertigkeit Hersantes[10] Zuneigung zu erlangen. Herr Isengrin hatte also einen üblen Hausgenossen in seinen Dienst genommen; das sollte ihm noch zum Schaden gereichen.

Eines Tages begab es sich, daß Isengrin seine Söhne zu sich rief, um mit ihnen räuberisch durch das Land zu ziehen. Seine Gattin nahm er bei der Hand, um sie eindringlich der treuen und ehrenfesten Obhut Reinharts anzuempfehlen. Isengrin hatte ihr aber einen schlechten Kammerherrn bestellt, denn Reinhart hatte es auf seine Gevatterin abgesehen. Hier beginnen nun recht merkwürdige Geschichten.

Reinhart sprach zu der Dame: „Gevatterin, wenn Ihr doch nur den großen Schmerz bedenken wolltet, den ich tragen muß. Die Liebe zu Euch hat mich (dies ist meine Not) im tiefsten Herzen verwundet."

„Mach den Mund zu, Reinhart", sprach Isengrins Frau. „Mein Gatte ist so stattlich, daß ich auf einen Geliebten durchaus verzichten kann. Aber selbst wenn ich mir einen suchen wollte, wärst du mir zu armselig "

Reinhart sprach wiederum: „Herrin, wenn es nach Verdienst ginge, solltest du mich lieber haben als einen König, der nach Eurer Liebe verlangt und Euch nur in Schande bringt."

In diesem Augenblick kam Isengrin, ihr Mann, zurück. Da tat der feine Kavalier, als sei nichts weiter vorgefallen.[11]

Isengrin kam ohne Beute zurück, so daß der Hunger ihn verdrießlich stimmte. Er erzählte seiner Frau, wie schwer es ihm jetzt gemacht werde.

er sprach: 'ieglich hirte hat sinen hvnt.'
Reinhart einen gebur ersach,
450 da von in allen lieb geschach.
er trvg einen grozen bachen,
des begonde Reinhart lachen.
er sprach: 'hort her, er Ysengrin!'
'was saget ir, gevater min?'
455 'mocht ir ienes vleischez iet?'
Ysengrin vnde sine diet
sprachen gemeinlichen: 'ia!'
Reinhart hvb sich sa,
do der gebvr hine solde gan.
460 einen vuz begonde er vf han
vnde sere hinken,
er liez den rvcke sinken,
recht als er ime were enzwei.
der gebvre in vaste aneschrei,
465 den bachen warf er vf daz gras,
nach Reinhartes kel ime gach was.
sin colbe was vreislich.
Reinhart sach vmme sich
vnde zoch in zv dem walde.
470 Ysingrin hvb sich balde:
e dan der gebvre mochte wider kvmen,
so hat er den bachen genvmen
vnd hat in schire vressen.
Reinhartes wart vergessen.
475 der gebvre begond erwinden,
er wande den bachen vinden.
da sach er Ysengrin verre stan,
der im den schaden hatte getan.
done was sin clage niht cleine,
480 ern vant weder vleisch noch gebeine,
wen iz allez gezzen was.
nv viel er nider vf daz gras,
vil vaste klait er den bachen.
Ysengrin begonde lachen,
485 er sprach: 'wol mich des gesellen min!
wi mochte wir baz inbizzen sin?
ich weiz im disez ezzens danch.'
do weste er niht den nachclanch.

„Noch nie habe ich solche Not kennengelernt", sprach er, „hat doch jeder Hirt jetzt seinen Hund."

Da erblickte Reinhart einen Bauern, was ihnen allen Annehmlichkeiten versprach. Reinhart begann vor Freude zu schmunzeln, denn der Bauer trug einen großen Schinken.
Er sprach: „Hört zu, Herr Isengrin!"
„Was wollt Ihr, Gevatter?"
„Verlangt Euch nicht nach jenem Fleisch dort?"
„Natürlich!" antworteten Isengrin und alle seine Angehörigen wie aus einem Munde.
Da begab sich Reinhart dorthin, wo der Bauer vorbeikommen mußte. Er hob einen Lauf hoch, begann arg zu hinken und ließ das Rückgrat durchhängen, als sei es ihm gebrochen worden. Der Bauer schrie vor Überraschung auf und warf den Schinken in das Gras, da er nach Reinharts Pelz gierte. Er hatte einen schrecklichen Knüppel bei sich. Reinhart blickte zurück und lockte den Bauern zum Waldrand hin. Eilig sprang Isengrin hinzu: Ehe der Bauer zurückkehren konnte, hatte er den Schinken ergriffen und hastig verschlungen. Reinhart aber vergaß er dabei völlig. Der Bauer ließ von der Verfolgung ab und suchte nach seinem Schinken. Da erblickte er von fern Isengrin, der ihm den Verlust zugefügt hatte. Sein Jammer war groß, denn er fand weder Fleisch noch Knochen: Alles war aufgefressen! Da warf er sich in das Gras und klagte jämmerlich um den Schinken.
Isengrin fing an zu lachen und sprach: „Ein Lob meinem Gefährten! Eine bessere Mahlzeit hätten wir nicht bekommen können. Ich bin ihm dankbar für diese Speisung." (Da ahnte er noch nichts von dem Nachspiel!)

Reinhart qvam spilinde vnde geil,
490 er sprach: 'wa ist hin min deil?'
do sprach Ysengrin:
'vrege di gevatern din,
ob si iht habe behalten, des ir wart.'
'nein ich', sprach si, 'Reinhart,
495 iz dvchte mich vil svze.
daz dir got lonen mvze!
vnde zvrne dv niht,
wenne mirs nimmer me geschiht.'
'mich dvrstet sere', sprach Ysengrin.
500 'wollet ir trinken win?'
sprach Reinhart, 'des geb ich ev vil.'
er sprach: 'dar vmme ich wesen wil
din dinst, di wile ich han ditz leben,
macht dv mir des gnvc gegeben.'
505 Reinhart hvb sich dvrch liste,
da er ein mvnche hof weste.
mit im fvr er Ysengrin,
vor Er( )sant vnde die svne sin.
zv der kvfen vurte si Reinhart,
510 Ysengrin da trvnken wart.
in sines vater wise sanc er ein liet,
er versach sich keines schaden niht.
die den win solden bewarn,
di sprachen: 'wie ist ditz svst gevarn?
515 ich wene, wir einen wolf erhort han.'
da qvamin schire sehse man,
der iglicher eine stange zoch.
Reinhart dannen balde vloch.
mit slegen gvlden do den win
520 vor Hersant vnde er Ysengrin,
man schenkete in mit vnminnen.
'mocht ich kvmen hinnen',
sprach er Ysengrin,
'ich wolde sin immer ane win.'
525 in was da misselvngen.
vber einen zovn si sprvngen,
daz tore was in verstanden.
si entrvnnen mit schanden.*
do clagt her Ysengrin

Reinhart trabte fröhlich und vergnügt heran und fragte:
„Wo ist mein Teil?"
Da sprach Isengrin: „Da mußt du schon deine Gevatterin fragen, ob sie etwas von ihrem Anteil für dich übriggelassen hat."
„Nein", sprach sie, „es schmeckte zu köstlich, Reinhart. Gott möge es dir vergelten! Zürne nicht, es soll nicht wieder vorkommen."
„Ich habe großen Durst", sprach Isengrin.
„Wenn Ihr Wein trinken wollt", sprach Reinhart, „so will ich Euch genug davon verschaffen."
Der Wolf antwortete: „Wenn du mir genug davon verschaffen kannst, so will ich mein Leben lang dein Diener sein."

Da begab sich Reinhart mit hinterlistigen Absichten zu einem Kloster. Isengrin, Frau Hersante und seine Söhne kamen mit. Reinhart führte sie zum Weinkeller, wo sich Isengrin einen tüchtigen Rausch antrank. Darauf grölte er in seines Vaters Art ein Lied, ohne an die Gefahren zu denken.
Diejenigen, die den Wein bewachen sollten, sprachen zueinander: „Was ist das? Es hört sich an wie ein Wolf!"
Eilends kamen sechs Mann, von denen sich jeder einen Knüppel griff. Während Reinhart schnell davonlief, wurde Frau Hersante und Herrn Isengrin der Wein mit Schlägen vergolten; mit wenig Freundlichkeit ward eingeschenkt.
„Wenn ich nur davonkäme", sprach Isengrin, „so wollte ich für alle Zeit auf Wein verzichten."
Den Wölfen war die Sache übel bekommen, und sie setzten über den Zaun, da das Tor bewacht wurde. Schändlich zugerichtet, flohen sie. Da klagte Herr Isengrin über den

den schaden vnde die schande sin:
im was zeblvwen sin lip,
erdroschen was ovch sin wip,
sine svne was ez vergangen nieht;
si sprachen: 'vater, iz was ein vnzitick liet
535 vnde alle die affenheit,
daz sol evch vur war sin geseit.'
Reinhart do zv in gienc,
er sprach: 'was ist dise rede hie?'
'weisgot', sprach Ysengrin,
540 'da habe wir viere disen win
vil tevre vergolden!
ovch hant mich bescholden
mine svne, daz ist mir zorn.
min arbeit ist an in verlorn.'
545 Reinhart zoch iz zv gvte,
er sprach: 'gevater, stewert ewerm mvte!
ich sag evch gewerliche:
redet min pate tvmpliche,
daz ist niht wunder, dezswar,
550 von dev er treit noch daz garce har.'
  Do schiet Reinhart vnde Ysengrin.
vil schire beqvam ( ) Baldewin
der Esel Reinharte,
er was geladen harte.
555 sin meister liez in vor gan,
Reinhart bat in stille stan.
er sprach: 'sag mir, Baldewin,
dvrch was wilt dv ein mvdinc sin?
wie macht dv vor leste immer genesen?
560 woldest dv mit mir wesen,
ich erlieze dich dirre not
vnde gebe dir gnvc et cetera ...

Sinem gevatern er entweich.
Isengrine von dem blvte entsweich.
565 er sprach: 'mich rvwet min lip
vnde noch me min libes wip.
die ist edel vnde gvt,
deswar, vnde hat sich wol behvt

Schmerz und die Schmach. Er selbst war verbleut worden, seine Frau hatte man verprügelt, und auch seine Söhne waren nicht heil davongekommen.
Sie sprachen: „Vater, laßt Euch fürwahr gesagt sein, daß Ihr zur Unzeit gesungen und Torheiten aufgeführt habt!"
Reinhart kam zu ihnen und sprach: „Um was geht es denn?"
Isengrin antwortete: „Weiß Gott, wir vier haben den Wein gar teuer bezahlt. Zudem haben mich zu meinem Ärger meine Söhne beschimpft. Alle väterliche Mühe war umsonst."
Reinhart beschwichtigte ihn und sprach: „Gevatter, beruhigt Euch. Ich sage Euch fürwahr: Wenn hier mein Patenkind törichte Worte spricht, so braucht man sich nicht zu wundern. Er ist noch ein Milchbart."

Da trennte sich Reinhart von Isengrin. Bald darauf begegnete ihm der schwerbeladene Esel Baldewin, den sein Herr vorantraben ließ. Reinhart bat ihn stehenzubleiben und sprach: „Baldewin, was bist du doch für eine elende Kreatur! Warum mußt du immer solche Lasten schleppen? Wolltest du dich mir anschließen, so würde ich dich von solcher Plage befreien und zudem ausreichend für deinen Unterhalt sorgen." ...
(Lücke in der Überlieferung. Die Handlung setzt am Ende eines neuen Wolfsabenteuers wieder ein, dessen Inhalt nicht erschließbar ist. Reinhart hat offenbar den Wolf wieder in eine höchst mißliche Situation gebracht.)

... Reinhart ließ seinen Gevatter allein. Isengrin wurde von dem Blutverlust fast ohnmächtig und sprach: „Ich tue mir selber leid, noch mehr aber meine liebe Frau. Sie ist so vornehm und so gut. Wahrhaftig, sie hat sich nie leichtfertig

       vor aller slachte vppikeit.
570 ir was ie die bosheit leit.
       ovch rewent mich die sune min,
       die mvzen leider weisen sin,
       wen daz di ein mvter hant,
       di vuret si wol in daz lant.
575 dar zv ich gvten trost han,
       si nimet niht keinen andern man.'
       dise clage gehorte Kvnnin.
       er sprach: 'was ist evch, her Ysengrin?'
       'da bin ich vreislichen wunt',
580 sprach er, 'ich wene gesvnt
       nimmer werde min lip.
       vor leiden stirbet ovch min libez wip.
       Kvnin sprach: 'si entvt.
       si enhat sich niht so wol behvt,
585 als ich dich iezv hore iehen.
       ich han zwischen iren beinen gesehn
       Reinhart hat si gevriet,
       ichn az noch entranc siet:
       mag daz gebrvtet sin,
590 daz vz gat vnde aber in?'

       Isengrin horte mere,
       die ime waren swere.
       er viel vor leiden in vnmaht,
       ern weste, ob iz wer tag oder naht.
595 des lachte Kvnin.
       Do qvam zv sich er Ysengrin,
       er sprach: 'scoh, ich han arbeit!
       dar zv hast dv mir geseit
       mit lvgene leide mere.
600 ob ich so torecht were,
       daz ichz ver ware wolde han,
       dv mvstiz mir din ovgen lan,
       vnde hete ich dich hie nidere,
       dv qvemest nimmer widere.'
605 svst antwort im Kvnin:
       'ir sit ein tore, er Ysengrin.'
       Ysengrin hvlet zehant,
       vil schire qvam vor Hersant,

betragen und stets die Schlechtigkeit verabscheut. Auch meine Söhne tun mir leid, die nun leider zu Waisen werden. Zum Glück haben sie noch ihre Mutter, die sie ins Leben führen kann. Auch tröstet mich, daß sie keinen anderen Mann mehr nehmen wird."
Diese Klageworte hörte Küenin[12], und er sprach: „Was fehlt Euch, Herr Isengrin?"
„Ich bin schwer verwundet", antwortete der Wolf, „und ich glaube, daß ich nicht mehr gesund werde und daß dann auch noch meine liebe Frau vor Schmerz den Geist aufgibt."
Küenin sprach darauf: „Das tut sie nicht. Sie ist keineswegs so sittsam, wie ich dich eben rühmen hörte. Ich sah erst kürzlich Reinhart zwischen ihren Beinen, der sie zu eigen nahm. Das ist doch wohl ein Beilager, wenn etwas hinein- und dann wieder herausgeht?"
Das war eine niederschmetternde Nachricht für Isengrin. Vor Weh fiel er in Ohnmacht, so daß er nicht wußte, ob es Nacht oder Tag war. Küenin aber lachte darüber.
Da kam Herr Isengrin wieder zu sich und sprach: „Weh mir! Ich muß Schmerzen erleiden und dazu deine lügenhaften und üblen Geschichten anhören. Wäre ich verrückt genug, sie für bare Münze zu nehmen, so wollte ich dir deine Augen ausreißen. Hätte ich dich nur hier unten, so kämst du nicht mit dem Leben davon."
Da antwortete ihm Küenin: „Ihr seid ein Narr, Herr Isengrin!"

    also taten ovch sine svne do,
610 des was er Isengrin vil vro.
    weinende er zv in sprach:
    'alsvst gerne ich evch nie gesach,
    liben svne vnde wip:
    ich han verlorn minen lip.
615 daz hat mir Reinhart getan.
    daz lat im an sin leben gan.
    dar zv hat nv Kvnin
    genvmen gar die sinne min:
    in minen grozen sichtagen
620 begond er mir vbele mere sagen,
    daz ir weret worden Reinhartes wip.
    ich hatte verlorn nach minen lip,
    iz were mir immer swere,
    wen daz man einem lvgenere
625 nimmer niht gelovben sol;
    ich trowete ime an trewen weizgot wol.'
    vor Hersant do sprach:
    'ich bin, di Reinharten nie gesach
    weizgot bi drin tagen.
630 her Ysengrin, ich sol evch sagen:
    lazet ewer veltsprachen sin!'
    da wart gelecket er Ysengrin
    beidenthalb, da er was wunt.
    do wart er schire gesvnt.
635   Reinhart zoch ze neste,
    er vorchte vremde geste.
    ein hvs worchte er balde
    vor einem loche in deme walde,
    da trvg er sine spise in.
640 eines tages gienc er Ysengrin
    bi daz hvs in den walt.
    sin kvmmer was manicvalt.
    von hvnger leit er arbeit;
    ein laster was im aber gereit.
645 Reinhart was wol beraten:
    da hatte er gebraten
    ele, die smackete Ysingrin.
    er dachte: 'aha, ditz mac vil wol sin
    ein teil gvter spisen.'

Isengrin heulte laut auf. Sogleich kamen Frau Hersante und auch seine Söhne. Darüber war Isengrin von Herzen froh. Weinend sprach er zu ihnen: „Liebe Söhne und liebe Frau, noch nie habe ich mich über euer Kommen so gefreut. Mein Leben ist verloren. Daran ist Reinhart schuld. Dafür laßt ihn mit seinem Leben zahlen. Zudem hat mir eben Küenin einen schweren Schock versetzt. Trotz meiner schlimmen Verwundung erzählte er mir abscheuliche Geschichten darüber, wie Ihr Euch Reinhart hingegeben hättet. Fast wäre ich darüber gestorben. Wäre es nicht so, daß man einem Lügner keinesfalls Glauben schenken soll, hätte ich fortan immer schweres Leid zu tragen. Ich habe ihn aber, weiß Gott, tüchtig abfahren lassen."

Da sprach Frau Hersante: „Wahrhaftig, ich habe Reinhart seit drei Tagen nicht einmal gesehen. Ich will Euch nur eines sagen, Herr Isengrin: Hört auf mit Euren ordinären Verdächtigungen!"

Nun wurde Herr Isengrin überall geleckt, wo er verwundet war. So genas er rasch.

Reinhart zog sich in seinen Schlupfwinkel zurück, da er unangenehmen Besuch fürchtete. In einer Waldhöhle richtete er seinen Bau ein und trug auch seinen Speisevorrat hinein.

Eines Tages gelangte Herr Isengrin im Wald in die Nähe des Baus. Er war zutiefst verdrossen, denn der Hunger quälte ihn. So geriet er abermals in Schmach und Schande. Reinhart war wohl versorgt, denn er hatte Aale gebraten. Isengrin roch den Bratenduft und dachte: ‚Ah, das kündet ja von einer vortrefflichen Mahlzeit!'

650 der smack begond in wisen
vur sines gevateren tvr.
da satzte sich her Ysengrin vur,
dar in er bozen begonde.
Reinhart, der wunder konde,
655 sprach: 'wan get ir niht dannen stan?
da sal talanc niman vz gan,
daz wizzet wol, noch her in.
war tvstv, mvdinc, den sin din?
wan bern ir vil schone?
660 iz ist talanc affter none,
wir mvnche sprechen niht ein wort
vmbe der nybelvnge hort.'
'gevater( )e', sprach er Isingrin,
'wilt dv hi gemvnchet sin
665 immer vntz an dinen tot?'
'ia ich', sprach er, 'ez tvt mir not:
dv woldes mir ane schulde
versagen dine hvlde
vnde woldest mir nemen daz leben.'
670 Ysingrin sprach: 'ich wil dir vergeben,
ob dv mir iht hast getan,
daz ich dich mvge ze gesellen han.'
'dv macht mir lichte vergeben', sprach Reinhart,
'min leben werde vurbaz niht gespart,
675 ob ich dir ie getete einen wanc.
woldest dv mirs wizzen danc,
zwei ales stvcke gebe ich dir,
di sint hevte vber worden mir.'
des wart Ysengrin vro.
680 wite begond er genen do,
Reinhart warf si im in den mvnt.
'ich were immer me gesvnt',
sprach der thore Ysingrin,
'solde ich da hin koch sin.'
685 Reinhart sprach: 'des macht dv gnvc han,
wilt dv hie brvderschaft enpfan,
dv wirdest meister vber di braten.'
da wart er san beraten.
'daz lob ich', sprach Ysingrin.
690 'nv stoz', sprach er, 'din hovbt herin.'

Der Bratenduft führte ihn bis zur Tür seines Gevatters. Isengrin setzte sich davor nieder und schlug an die Tür.
Der durchtriebene Fuchs sprach: „Warum bleibt Ihr nicht woanders stehen? Vernehmt, daß heute weder jemand heraus- noch hineinkommt. Was bildest du armseliger Tropf dir nur ein? Warum klopft Ihr nicht gesittet an? Die Mittagszeit ist heute schon vorbei, und nun sprechen wir Mönche selbst um den Preis des Nibelungenhortes kein Wort mehr."
„Gevatter", sprach Herr Isengrin, „willst du hier bis an dein Lebensende als Mönch leben?"
„Natürlich", sprach der, „denn es bleibt mir ja kein anderer Ausweg. Du hast mir ohne allen Grund deine Freundschaft aufgesagt und mir nach dem Leben getrachtet."
Isengrin sprach: „Ich will dir alles, was du mir angetan hast, vergeben, so daß ich dich wieder zu meinem Gefährten machen kann."
„Diese Verzeihung wird dich nicht gereuen", sprach Reinhart, „denn mein Leben will ich dafür geben, wenn du mich treulos finden solltest. Wenn du es mir danken wolltest, würde ich dir zwei Stücke Aal geben, die heute übriggeblieben sind."
Da wurde Isengrin vergnügt. Weit riß er den Rachen auf, und Reinhart warf sie ihm hinein.
„Könnte ich da drinnen Koch sein", sprach der Narr Isengrin, „so würde es mir sicher gut gehen."
Reinhart aber sprach: „Du kannst genug davon bekommen. Wenn du in den Orden eintrittst, wirst du Küchenmeister." (Er sollte auch bald wohl versehen werden!)
„Das verspreche ich", sprach Isengrin.
Darauf Reinhart: „So stecke deinen Kopf herein!"

des was Ysengrin bereit,
do nahet im sin arbeit.
dar in stiez er sin hovbet groz,
brvder Reinhart in begoz
695 mit heizem wazzer, daz ist war,
daz vurt im abe hvt unde har.
Isingrin sprach: 'ditz tvt we mir.'
Reinhart sprach: 'wenet ir
mit senfte baradys besitzen?
700 daz kvmet von vnwitzen.
ir mvget gerne liden dise not:
gevater, swen ir liget tot,
di brvderschaft ist also getan,
an tvsent messen svlt ir han
705 teil aller tegelich.
di von Zitias vurent dich
zv dem vrone himelriche,
daz wizze gewerliche!'
Ysengrin wande, iz were war,
710 beide sin hovt vnde sin har
rowe in vil kleine.
er sprach: 'brvder, nv sit gemeine
die ele sin, di da inne sint,
sint wir sin worden gotes kint,
715 swer mir ein stvcke versaget,
iz wirt zv Zitias geclaget.'
Reinhart sprach: 'evch ist vnverseit,
swaz wir han, daz ist evch bereit
in brvderlicher minne.
720 hie ist niht me vische inne.
wolt ir aber mit mir gan,
da wir einen tich han,
in dem so vil vische gat,
daz ir niman achte hat?
725 di brvder hant si getan dar in.'
'wol hin', sprach er Ysengrin.
   Dar hvben si sich ane zorn.
der teich was vbervrorn.
si begonden daz is schowen,
730 ein grvbe was drin gehowen,
do man wazzer vz nam,

Isengrin war einverstanden. Doch nun ereilte ihn ein peinvolles Geschick. Als er seinen dicken Kopf hineinschob, begoß ihn doch wahrhaftig Bruder Reinhart mit heißem Wasser, so daß er Haut und Haare verlor.
Isengrin schrie: „Das tut weh!"
Reinhart aber sprach: „Wollt Ihr ohne Mühen ins Paradies kommen? Da seht Ihr Eure Unwissenheit! Ihr solltet diese Pein freudig auf Euch nehmen. Wenn Euch der Tod ereilt, Gevatter, werden Euch – so ist es in diesem Orden üblich – täglich Seelenmessen, insgesamt etwa tausend, gelesen. So geleiten dich die Zisterzienser[13] wahr und wahrhaftig ins geheiligte Paradies."
Isengrin glaubte, es sei dies alles wahr, und so verschmerzte er Haut und Haare leicht. Er sprach: „Bruder, da wir beide nun Gotteskinder geworden sind, gehören uns die Aale bei dir drinnen gemeinsam. Wer mir auch nur ein Stück davon versagt, wird in Zitias[14] verklagt."
Reinhart antwortete: „Nichts wird Euch versagt. Alles, was wir besitzen, steht auch Euch in brüderlicher Liebe zur Verfügung. Freilich gibt es hier drinnen keine Fische mehr. Vielleicht wollt Ihr aber mit mir zu unserem Teich kommen, in dem sich so viele Fische tummeln, daß man sie gar nicht zählen kann? Die Brüder haben sie hineingesetzt."
„Gehen wir", sprach Herr Isengrin.

Einträchtig gingen sie hin. Der Teich war aber zugefroren. Als sie das Eis untersuchten, fanden sie ein Eisloch, das man hineingeschlagen hatte, um Wasser schöpfen zu können.

daz Ysengrine ze schaden qvam.
sin brvder hatte sin grozen haz.
eines eimeres niht er da vergaz:
735 Reinhart was vro daz er in vant,
sinem brvdere er in an den zagel bant.
do sprach er Isengrin:
'in nomine patris, was sol ditz sin?'
'ir schvlt den eymer hi in lan,
740 wan ich wil stvrmen gan,
vnde stet vil senfticliche!
wir werden vische riche,
wen ich sehe si dvrch daz is.'
er Isengrin was niht wis,
745 er sprach: 'sage, brvder in der minne,
ist icht vische hinne?'
'ia iz, tvsent, di ich han gesehen.'
'daz ist gvt, vns sol wol geschen.'
Isingrin phlag tvmmer sinne,
750 im gevroz der zagel drinne.
di nacht kalden geriet,
sin brvder warnet in niht.
Reinhartes trewe waren laz,
er gevroz im ie baz vnde baz.
755 'dise eimer sweret', sprach Ysengrin.
'da han ich gezelet drin
drizick ele', sprach Reinhart,
'ditz wirt vns ein nvtze vart.
kondet ir nv stille gestan,
760 hvndert wollen iezv drin gan.'
als iz do begonde tagen,
Reinhart sprach: 'ich wil ev sagen:
ich vurchte, daz wir vnser richeit
vil sere engelden, mir ist leit,
765 daz so vil vische dinne ist,
ichn weiz iezv deheinen list.
irn mvget si, wen ich, erwegen.
versucht, ob ir si mvget hervz gelegen.'
Isingrin kochen geriet,
770 daz iz wolde smelzen niet,
den zagel mvst er lazen stan.
Reinhart sprach: 'ich wil gan

Das sollte Isengrin zum Unheil gereichen, da sein „Bruder" ihn grimmig haßte. Reinhart suchte nach einem Eimer und war von Herzen froh, als er ihn fand. Er band ihn seinem „Bruder" an den Schwanz.
Da sprach Herr Isengrin: „In nomine patris[15], was soll das bedeuten?"
„Ihr sollt den Eimer hier hineinhängen, während ich die Fische aufstören will. Steht auch möglichst unbeweglich, dann werden wir viele Fische fangen. Ich sehe sie schon durch das Eis."
Isengrin war töricht genug und sprach: „Sag, Bruder, bei deiner Liebe, sind hier tatsächlich viele Fische drin?"
„Natürlich, Tausende habe ich gesehen!"
„Das ist vortrefflich! Dann wird es uns wohl ergehen."
Isengrin handelte wie ein Narr, denn sein Schwanz fror fest. Die Nacht war nämlich kalt, und sein „Bruder" warnte ihn nicht. Mit Reinharts Treue war es nicht weit her, und so fror er fester und fester.
„Der Eimer wird schwer", sprach Isengrin.
„Ich habe schon dreißig Aale darin gezählt", antwortete Reinhart, „so daß dies ein reicher Fang für uns wird. Haltet nur recht still, denn eben wollen hundert auf einmal hineinschlüpfen."
Als es zu tagen begann, sagte Reinhart: „Ich muß Euch gestehen, ich befürchte, wir werden unseren reichen Fang teuer bezahlen. Es ist mir nicht geheuer, daß so viele Fische darinnen sind, denn Ihr könnt sie, glaube ich, gar nicht herausziehen. Ich weiß mir keinen Rat. Versucht einmal, ob Ihr sie herausholen könnt."
Isengrin begann vor Anstrengung zu schwitzen, doch das Eis wollte nicht schmelzen, so daß er den Schwanz nicht herausziehen konnte.
Reinhart aber sprach: „Ich will zu den Brüdern gehen, damit sie recht bald herkommen. Dieser Fang wird uns allen nutzen."

  nach den brvdern, daz si balde kvmen:
  dirre gewin mag vns allen gefrvmen.'
775 vil schire iz schone tac wart,
  dannen hvb sich Reinhart.
  Isengrin, der vischere,
  der vernam vil leide mere:
  er sach einen ritter kvmen,
780 der hatte hvnde zv im genvmen.
  er qvam vf Isingrines vart,
  daz vischen im ze leide wart.
  der ritter her Birtin hiez,
  dehein tier er vngelat liez.
785 ern Isingrine daz ze schaden qvam,
  die var er gegen im nam.
  als er Isingrinen sach,
  zv den hvnden er do sprach:
  'zv!' vnde begonde si schvppfen.
790 do geriten si in rvppfen.
  Isingrin beiz alvmme sich,
  sin angest was niht gemelich.
  her Birtin qvam gerant,
  sin swert begreif er ze hant
795 vnde erbeizte vil snelle.
  vf daz is lief er vngetelle,
  er hvb do daz swert sin.
  des wart vil vnvro her Ysengrin:
  er hatte vaste geladen,
800 daz qvam im da zv schaden,
  wen wir horen wise levte sagen:
  swer erhebet, daz er niht mag getragen,
  der mvz iz lazen vnder wegen.
  des mvste ovch her Ysengrin nv pflegen.
805 Isengrin was besezsen,
  er Birtin hatte im gemezzen,
  daz ern vf den rvcke solde troffen han.
  do begonde im die buze engan:
  von dem slipfe er nider qvam,
810 der val im den swanc nam.
  vmme den val erz niht enlie,
  an den knien er do wider gie.
  die glete im aber den slag verkerte,

Rasch zog der Tag herauf, und Reinhart machte sich davon.
Der Fischer Isengrin aber erlebte nun ein gar übles Abenteuer: Er sah einen Ritter nahen, in dessen Begleitung sich
Hunde befanden. Dieser verfolgte Isengrins Spur, dem die
Fischerei nun zu großem Schaden ausschlug. Der Ritter hieß
Herr Birtin und ließ kein Tier ungeschoren davonkommen.
Das sollte Herrn Isengrin (dem er sich nun nahte) zu
großem Übel gereichen. Als er nämlich Isengrin sah, rief er
den Hunden „Faß!" zu und begann sie anzutreiben. Sie
zausten Isengrin. Er biß um sich, wobei seine Angst nicht
gering war. Herr Birtin galoppierte heran, riß sein Schwert
heraus und schwang sich rasch vom Pferd. Mit unsicheren
Schritten lief er auf das Eis und holte mit dem Schwert aus.
Darüber war Isengrin wenig beglückt. Er hatte sich zuviel
aufgeladen und mußte nun die bösen Folgen tragen. Wir
hören ja verständige Leute sagen: Wer sich mehr auflädt,
als er tragen kann, muß es unterwegs liegenlassen. Das
mußte nun auch Herr Isengrin erfahren. Er war gestellt,
und Herr Birtin zielte so, daß er seinen Rücken treffen
mußte. Da glitten seine Füße aus, und er stürzte. Der Sturz
verhinderte den Hieb, doch Birtin ließ sich von dem Fall
nicht beirren und rutschte nun auf den Knien heran. Die
Glätte ließ ihn jedoch ungeschickt zuschlagen, so daß er den

    daz er im den zagel vorserte
815 vnde slvgen im gar abe.
    si hatten beide groze missehabe:
    do was hern Birtines clage,
    daz er hat vermisset an dem slage,
    ovch kleite sere her Isengrin
820 den vil liben zagel sin,
    den mvst er do ze pfande lan.
    dannen begond er balde gan.
      Reinhart, der vil hat gelogen,
    der wirt noch hevte betrogen,
825 doch half im sine kvndikeit
    von vil grozer arbeit.
    zv einer zelle in sin wec trvg,
    da weste er inne hvnere gnvc.
    keinen nvtz er des gevienc,
830 ein gvte mvre dar vmme gienc.
    Reinhart begonde vmme gan,
    vor dem tore sach er stan
    einen bvrnen, der was tief vnde wit.
    da sach er in, daz rowe in sit.
835 sinen schaten er drinne gesach.
    ein michel wunder nu geschach.
    daz er hergeczte hie,
    der mit listen vil begie.
    Reinhart wande sehen sin wip,
840 die was im liep als der lip,
    vnde en mochte sich doch niht enthan,
    ern mvste zv der vrvnden gan,
    wenne minne gibt hohen mvt.
    da von dovchte si in gvt.
845 Reinhart lachete dar in,
    do zannete der schate sin.
    des west er im cleinen danc,
    vor libe er in den brvnnen spranc.
    dvrch starke minne tet er daz,
850 do wurden im die oren naz.
    in dem bvrnen er lange swam,
    vf einen stein er do qvam,
    da leit er vf daz hovbet.
    swer des niht gelovbet,

Schwanz des Wolfes traf und ihn vom Körper abtrennte. Dies brachte beiden großen Verdruß: Herr Birtin klagte, daß er mit seinem Schlag gefehlt hatte; Herr Isengrin aber beklagte jammervoll seinen schönen Schwanz, den er als Pfand zurücklassen mußte. Eilends machte er sich von dannen.

Reinhart, der oft genug gelogen hat, wird nun selbst betrogen.[16] Freilich half ihm seine List aus großer Not. Sein Weg führte ihn zu einem Kloster, in dem er viele Hühner wußte. Das brachte ihm aber noch keinen Gewinn, denn eine feste Mauer umschloß es. Als er an der Mauer entlanglief, erblickte er vor dem Tor einen Brunnen, der weit und tief war. Er schaute hinab (was er später bereuen sollte) und sah darinnen sein Spiegelbild. Nun geschah das große Wunder, daß der listenreiche Fuchs selbst zum Narren wurde. Reinhart glaubte nämlich seine Frau zu sehen, die ihm lieber war als sein eigenes Leben. Er konnte sich nicht bezwingen; es drängte ihn, zu der Geliebten zu eilen, denn Liebe stimmt ja hochgemut. Daher schien sie ihm vortrefflich. Reinhart lächelte hinein, da verzog auch sein Spiegelbild den Mund. Dafür war er ihm später nicht eben sehr dankbar, denn nun sprang er vor lauter Liebe in den Brunnen. Aus übergroßer Liebe tat er das! Dabei wurden ihm freilich die Ohren naß. Lange schwamm er in dem Brunnen umher, bis er einen Stein fand, auf den er den Kopf legen konnte. (Wer das nicht glaubt, braucht mir am Ende für meine Erzählung nichts zu geben.)

855 der sol drvmme niht geben.
Reinhart wande sin leben
weizgot da versprungen han.
her Ysengrin begonde dar gan
ane zagel vz dem walde.
860 zv der celle hvb er sich balde,
er was noch niht enbizzen.
ir sult vil wol wizzen,
ein schaf hette er gerne genvmen.
des envant er niht, nv ist er kvmen
865 vber den brvnnen vil tief,
do wart aber geeffet der gief.
Isengrin dar in sach.
vernemt recht, was im geschach:
sinen schaten sach er dinne,
870 er want, daz iz sin minne
were, ver Hersant.
daz hovbet tet er nider zehant
vnde begonde lachen,
semelicher sachen
875 begienc der schate da inne.
des verkarten sich sine sinne,
er begonde Hersante sin laster sagen
vnde von sinem schaden clagen.
vil lvte hvlete Ysengrin,
880 do antwort im der don sin.
sin stimme schal in daz hol,
ez was leckerheite vol,
daz wart vil schire schin.
Reinhart sprach: 'wer mag daz sin?'
885 Isengrin ergetzet wart,
er sprach: 'bist dv daz, gevater Reinhart?
sage mir in der minne
was wirbest dv dar inne?'
Reinhart sprach: 'min lip ist tot,
890 min sele lebet ane not,
daz wizze werliche.
ich bin hie in himelriche,
dirre schvle ich hie phlegen sol,
ich kan di kint leren wol.'
895 er sprach: 'mir ist leit din tot.'

Reinhart dachte schon, sein Leben mit diesem Sprung verwirkt zu haben. Da kam Herr Isengrin ohne Schwanz aus dem Walde und nahte sich eilends dem Kloster, da er noch nichts gegessen hatte. Ihr sollt erfahren, daß er gern ein Schaf gerissen hätte. Da er keines gefunden hatte, war er nun zu dem tiefen Brunnen gekommen, wo der Tölpel erneut genarrt werden sollte. Isengrin sah hinein. Nun hört, was ihm widerfuhr: Er sah sein Spiegelbild darin und glaubte, daß es sein liebes Weib, Frau Hersante, sei. Sogleich steckte er seinen Kopf hinein und begann zu lächeln. Dasselbe tat auch sein Spiegelbild darinnen. Da verließ ihn die klare Überlegung: Er erzählte Hersante von seiner Schande und klagte ihr sein Leid. Laut heulte Isengrin, und das Echo gab ihm Antwort. Seine Stimme schallte in den Schacht, der (was sich sogleich zeigen sollte) voll Trug steckte.
Reinhart sprach nämlich: „Wer mag das sein?"
Isengrin wurde nun geäfft. Er rief: „Bist du es, Gevatter Reinhart? Sage mir bei deiner Liebe: Was hast du dort zu schaffen?"
Reinhart antwortete: „Mein Leib ist tot, doch meine Seele lebt jetzt ohne Qual, das sollst du wahrlich wissen. Ich bin hier im Himmelreich und bin für die Schule verantwortlich, kann ich doch die Kinder trefflich unterrichten."
Der Wolf sprach: „Mich dauert dein Tod."

'ich vrev mich; dv lebes mit not
in der werlde aller tegelich,
zv paradyse han aber ich
michels mere wunne,
900 danne man irdenken kvnne.'
do sprach er Isengrin:
'brvder vnde gevatere min,
wie ist ver Hersant herin kvmen?
ich han selten roub genvmen,
905 si enhette dran ir teil.'
Reinhart sprach: 'iz was ir heil.'
'saga, trvt gevater', sprach er do,
'wi ist ( )ir daz hovbet verbrant so?'
'daz geschah ovch mir, trvt geselle,
910 si tet einen tuc in die helle.
dv hast dicke wol vernvmen,
zv paradyse mag niman kvmen,
ern mvze der hele bekoren.
da hat si hvt vnd har verlorn.'
915 Reinhart wolde da vze sin,
die ovgen gesach im Ysengrin.
'saga, gevater, was schinet da?'
Reinhart antworte im sa:
'iz ist edel gesteine,
920 die karvunkel reine,
di schinent hi tag vnde nacht;
da vze dv ir niht gesehen macht.
hi sint ovch rinder vnde swin
vnde manic veistez zickelin,
925 ane hvte iz allez hi gat.
hi ist vil manger slachte rat.'
'mocht ich immer kvmen darin',
sprach der tore Ysengrin.
'ia dv, als ich dich lere!
930 ich wil an dir min ere
began, nv pflic witzen!
in den eymer salt dv sitzen.'
vmme den bvrnen was iz also getan,
so ein eymer begond in gan,
935 daz der ander vz gie.
Isengrin do niht enlie,

„Ich bin froh darüber. Du lebst Tag für Tag leidvoll in der Welt, während ich hier im Paradies mehr an Glückseligkeiten erfahre, als jemand ersinnen kann."
Da fragte Isengrin: „Bruder und Gevatter, wie ist Frau Hersante hineingekommen? Ich habe nie eine Beute gebracht, von der sie nicht ihren Anteil erhalten hätte."
Reinhart antwortete: „Ihr ist Gnade widerfahren."
„Sag an, lieber Gevatter", sprach der Wolf, „warum ist ihr Kopf so versengt?"
„Das ist auch mir widerfahren, lieber Gefährte. Sie hat ihren Kopf rasch einmal in die Hölle gesteckt. Du hast sicher oft genug vernommen, daß niemand ins Paradies kommen kann, der nicht vorher die Hölle besucht hat. Dort hat sie Haut und Haare verloren."
Reinhart wäre gern hinausgekommen. Isengrin sah seine Augen: „Sag an, Gevatter, was leuchtet da so?"
Sogleich antwortete Reinhart: „Es sind Edelsteine. Die glasklaren Karfunkelsteine leuchten hier Tag und Nacht, während du sie draußen nicht sehen kannst. Hier gibt es auch Rinder, Schweine und manch fettes Zicklein. Ohne Bewachung läuft alles herum. Hier gibt es alles im Überfluß."
„Könnte ich nur auch dahin kommen", rief der Narr Isengrin.
„Dann tu, was ich dir sage! Ich will dir erneut meine Tugenden beweisen. Nun nimm deinen Verstand zusammen und setze dich in den Eimer."
Es handelte sich aber um einen Brunnen, bei dem ein Eimer hinabfuhr, während der andere heraufkam. Isengrin tat

      des in sin gevatere larte:
      widir hoster her sich karte,
      daz qvam von vnwitzen;
940 in den eimer gieng er sitzen.
      Reinhart sin selbes niht vergaz,
      in den andern er do saz.
      Isengrin, der den schaden nam,
      sinem gevateren er do bequam
945 mittene vnde vur hin in.
      er sprach: 'Reinhart, wa sol ich nv sin?'
      'daz sag ich dir gewerliche:
      hi zu himelriche
      salt dv minen stvl han,
950 wan ich dirs vil wol gan.
      ich wil vz in daz lant,
      dv dem tevfel in die hant.'
      Isengrin gieng an den grvnt,
      Reinhart vur ze walde wol gesunt.
955 vil vaste was erschophet der brvnne,
      iz were anders Ysengrine misselungen.
      daz paradyse dovcht in swere,
      vil gerne er dannen were.
      die mvnche mvsten wazzer han,
960 ein brvder begonde zv dem bvrnen gan.
      er treib die kvrben vaste
      vnde zoch an dem laste
      me, dan er ie getete da.
      vber den brvnnen gienc er sa
965 vnde versvchte, was iz mochte sin.
      do gesach er, wa Isengrin
      an dem grvnde in dem eymer saz( ).
      der brvder was niht laz,
      in die celle lief er geringe,
970 gach wart dem bertinge,
      er sagete vremde mere,
      daz in dem bvrnen were
      Isengrin, wen her in hatte gesehen.
      di mvnche sprachen: 'hi ist geschen
975 gotes rache' vnde hvben sich vber den bvrnen.
      da wart Ysengrine misselvngen.
      der prior nam ein stange,

natürlich, wie es ihm sein Gevatter gesagt hatte. In seiner Torheit begab er sich zu dem Eimer und setzte sich hinein. Reinhart aber war auf seine Rettung bedacht und setzte sich in den anderen Eimer. Isengrin, der wieder den Schaden tragen mußte, begegnete seinem Gevatter in der Mitte und fuhr hinab.
Er rief: „Reinhart, wo gerate ich denn hin?"
„Das sage ich dir wahr und wahrhaftig: Du sollst im Himmelreich meinen Platz erhalten, den ich dir ohne Neid gönne. Ich will hinaus in die Welt, du aber fällst dem Teufel in die Klauen."
Während Isengrin auf dem Grunde anlangte, rannte Reinhart heil und gesund zum Walde hin. Der Brunnen war fast leer, sonst wäre es Isengrin übel ergangen. Das Paradies erschien ihm bedrückend genug, und gar gern wäre er wieder draußen gewesen. Als die Mönche Wasser brauchten, ging einer der Brüder zum Brunnen. Er drehte kräftig die Kurbel und mußte sich diesmal mehr anstrengen als je zuvor. Da beugte er sich über den Brunnen, um zu sehen, was die Ursache hierfür war, und er sah, daß Isengrin auf dem Grunde im Eimer hockte. Der Bruder war nicht faul und rannte schnell ins Kloster; rasch lief der bärtige Mönch und erzählte die seltsame Geschichte, daß in dem Brunnen Isengrin säße; er habe ihn mit eigenen Augen gesehen. Die Mönche sprachen: „Hier hat Gott sein Rachewerk vollbracht!" Und sie begaben sich zum Brunnen.
Nun erging es Isengrin schlecht. Der Prior[17] nahm eine lange und dicke Stange, ein anderer ergriff einen Kerzen-

vil groz vnde vil lange,
ein ander nam daz kerzstal,
980 da wart ein vil michel schal.
si sprachen: 'nemet alle war,
daz er niht sin straze var.'
si zvgen die chvrben vmme,
Isengrin, der tvmme,
985 der wart schire vf gezogen.
in hatte Reinhart betrogen.
der priol hat in nach erslagen,
daz mvste Isengrin vertragen.
Reinhart tet im mangen wanc,
990 daz ist war, wa was sin gedanc,
daz er sich so dicke trigen lie?
die velt stent noch alsvs hie,
daz manic man mit valscheit
vberwant sin arbeit
995 baz danne einer, der der trewen pflac.
also stet iz noch vil manchen tac.
gnvge iehen, daz vntrewe
sei iezvnt vil newe.
weizgot: er si( ) ivnch oder alt,
1000 manges not ist so manicvalt,
er wenet, ditz geschah nie manne me.
vnsern cheime ist so we
von vntrewen, ern habe vernvmen,
daz mangem ist ie vorekvmen.
1005 Isengrin was in grozer not.
si liezen in ligen fvr tot.
der priol di platten gesach,
zv den mvnchen er do sprach:
'wir haben vil vbele getan,
1010 eine blatten ich ersehen han
vnde sag ev noch me:
ja ist nach der alden e
dirre wolf Ysengrin besniten.
owe, hette wir( ) vermiten
1015 dise slege, wan ze ware,
er was ein revwere!'
die mvnche sprachen: 'ditz ist geschen.
hette wirs e gesehen,

leuchter, und es erhob sich ein großer Lärm. Sie riefen: „Gebt acht, daß er nicht ausreißt!" Dann drehten sie die Kurbel, und der dumme Isengrin wurde rasch heraufgezogen. Reinhart hatte ihn erneut betrogen. Fast hätte ihn der Prior erschlagen, und das mußte Isengrin dulden. Wahrhaftig, Reinhart spielte ihm manchen Streich. Wo hatte er seinen Verstand, daß er sich so oft übertölpeln ließ?

Freilich geht es noch heute so in der Welt, daß mancher sich mit Falschheit besser zu helfen weiß als einer, der ehrlich ist. So geht es oft genug zu. Viele sagen, daß sich erst heutzutage die Untreue ausgebreitet hätte. Weiß Gott: Mancher – er sei jung oder alt – trägt so schweres Leid, daß er meint, dies sei noch nie einem Menschen widerfahren. Doch niemandem von uns hat Untreue je so viel Schmerz zugefügt, daß er nicht Gleiches schon von anderen hätte sagen hören.

Isengrin war in großer Not. Man ließ ihn liegen, da man ihn für tot hielt.

Als jedoch der Prior den kahlen Schädel sah, sprach er zu den Mönchen: „Wir haben sehr schlecht gehandelt. Ich sehe da eine Tonsur. Noch mehr will ich euch sagen: Dieser Wolf Isengrin ist ja nach alttestamentlicher Sitte beschnitten. O wehe, hätten wir ihn doch nicht geschlagen, denn wahrlich, er ist ein Büßer!"

       des mochte wir wesen vro.'
1020 dannen giengen sie do.
       hette Ysengrin den zagel niht verlorn
       noch die blatten geschorn,
       in hette erhenget daz gotes her.
       von Horbvrc her Walther
1025 zv allen ziten alsvst sprach,
       swaz ime ze leide geschach,
       mit ellenthaftem mvte:
       'iz kvmet mir als lichte ze gvte,
       so iz mir tvt dehein vngemach.'
1030 Isengrine alsam geschach.
       do im die mvnche entwichen,
       do qvam er geslichen
       hin zv dem walde,
       do begonder hvlen balde.
1035 also vor Hersant daz vernam,
       vil schire si dare qvam
       vnde sine svne beide.
       do clagete er in von leide:
       'liben svne vnde wip',
1040 sprach er, 'ich habe minen lip
       von Reinhartes rate verlorn.
       dvrch got daz lazet evch wezen zorn!
       daz ich ane zagel gan,
       daz hat mir Reinhart getan,
1045 deswar, an aller slachte not.
       er betrovg mich in den tot.
       von siner vntrewe groz
       enphing ich mangen slac vnde stoz.'
       der geselleschafte mocht niht me sin,
1050 Reinharte drevwete der bate sin.
       ir aller weinen wart vil groz,
       hern Ysengrinen des bedroz,
       er sprach: 'vrow Hersant, libes wip,
       wes verterbet ir ewern schonen lip?
1055 ewer weinen tvt mir we,
       so helf ev got, nv tvt iz niht me!'
       'o we, ich en mag ez niht ane sin!
       mir ist leit, daz der man min
       ane zagel mvz wesen.

Die Mönche sagten: „Es ist nun einmal geschehen. Hätten wir nur eher darauf geachtet, brauchten wir uns jetzt keine Vorwürfe zu machen."

Darauf begaben sie sich fort. Hätte Isengrin nicht den Schwanz verloren und eine Tonsur gehabt, so hätte die Schar der Gotteskinder ihn aufgehängt. So hat auch Herr Walther von Horburg[18] zu allen Zeiten mit wackerem Sinn (was immer man ihm an Leid zufügte) folgendermaßen gesprochen: „Vielleicht kommt mir eines Tages zugute, was man mir an Unannehmlichkeiten zufügt." Dies widerfuhr auch Isengrin.

Nachdem die Mönche davongegangen waren, schleppte er sich zum Walde hin und begann zu heulen. Als Frau Hersante dies hörte, kam sie sogleich mitsamt seinen beiden Söhnen daher. Da klagte er ihnen sein Leid.

„Liebe Söhne und liebe Frau", sprach er, „durch Reinharts Rat habe ich das Leben verloren. Möge euch dies – um Gottes willen – zu Rachezorn anstacheln. Daß ich keinen Schwanz mehr habe, ist Reinharts Schuld, und er hatte nicht den geringsten Grund. Sein Betrug brachte mir den Tod. Seine große Falschheit bescherte mir so manchen Schlag und manchen Stoß."

Von Vetternschaft konnte keine Rede mehr sein; Isengrin drohte dem Fuchs mit Vergeltung. Die Angehörigen des Wolfes weinten so heftig, daß es Herrn Isengrin schließlich zuviel wurde, und er sprach: „Frau Hersante, liebe Gattin, warum entstellt Ihr Eure Schönheit? Euer Weinen schmerzt mich. Hört – möge Gott Euch helfen – damit auf!"

„O weh, ich kann ihn nicht entbehren. Es quält mich, daß mein Mann ohne Schwanz leben muß. Wie soll ich arme Frau denn dies verwinden?"

1060 wi sol ich arme des genesen?'
daz vrlevge was erhaben.
Isengrin begonde draben
zv lage Reinharte.
er hvb sich an die warte,
1065 wen swer mit vngezewe
erhebet ein vrlevge,
der sol mit gvten listen
sinen lip vristen.
dise vnminne alsvs qvam.
1070   Ein lvchs daz schire vernam.
in mvte sere diser zorn,
er was von beiden geborn
von wolfe vnde von vuchse.
da von was dem lvchse
1075 daz vngemach.
zv Isengrin er do sprach:
'trvt mag, er Ysengrin,
wes zeihet ir den neven min?
ir sit min geslechte beide.
1080 vil gerne ich bescheide,
vnde offent mir ewer clage,
so kvmet iz zv einem tage.
swaz ev Reinhart hat getan,
des mvz er ev zv bvze stan.'
1085 do antwort im er Ysengrin,
er sprach: 'vernim, trvter neve min,
iz wer lanc ze sagene:
ich han vil ze clagene,
daz mir Reinhart hat getan.
1090 daz ich hevte ane zagel gan,
daze geschvf sin lip.
dar zv warp er umme min wip.
mocht er des vnschvldic wesen,
ich liez in vmb daz ander genesen.
1095 versagen ich dir doch niht enmac,
ich wil dirs leisten einen tac.'
der tac wart gesprochen
vber drie wochen.
dar qvam her Ysengrin
1100 vnde brachte vil der mage sin.

So begann die Fehde. Isengrin stellte Reinhart allenthalben nach. Er legte sich auf die Lauer, denn wer da schlecht gerüstet eine Fehde beginnt, muß mit kluger List auf sein Leben bedacht sein. Durch die geschilderten Ereignisse war es also zur Feindschaft gekommen. Ein Luchs, der von der Sache hörte, ward betrübt von diesem gegenseitigen Haß, war er doch mit Wolf und Fuchs verwandt. Daher bedrückte ihn dieser Zustand.
Er sprach zu Isengrin: „Lieber Blutsverwandter, Herr Isengrin, wessen beschuldigt Ihr meinen Gevatter? Ihr seid mir beide anverwandt. Gern will ich Euren Streit schlichten. Sagt mir Eure Klagegründe, so will ich es zu einem Vergleichstermin bringen. Für das, was Reinhart Euch angetan hat, muß er Euch Buße leisten."
Da antwortete ihm Herr Isengrin: „Hört zu, lieber Gevatter: Es würde lange dauern, wollte ich Euch alles klagen, was mir Reinhart angetan hat. Er ist schuld, daß ich fortan ohne Schwanz leben muß. Dazu hat er meiner Frau nachgestellt. Könnte er wenigstens in dieser Sache seine Unschuld beweisen, so wollte ich ihm das andere nachsehen. Ich will dir deine Bitte nicht abschlagen und bin mit einem Sühnetermin einverstanden."
Der Sühnetag[19] ward nach Ablauf von drei Wochen angesetzt. Da kam Herr Isengrin herbei und brachte viele

       ein teil ich ir nennen sol,
       di mvget ir erkennen wol:
       daz was der helfant vnde der wisen,
       die dovchten Reinharten risen,
1105   die hinde vnde der hirz Randolt,
       die waren Ysengrine holt,
       Brvn der bere vnde wilde swin
       wolden mit Ysengrine sin.
       zv nennen alle mich niht bestat,
1110   swelich tier grozen lip hat,
       daz was mit Ysengrine da,
       in were bezzer anderswa.
       Reinhart Crimeln zv im nam,
       einen dachs, der im ze staten quam.
1115   hern gesweich im nie zv keiner not,
       daz werte wan an ir beider tot.
       der hase vnde daz kvneclin
       vnd ander manic tierlin,
       des ich niht nennen wil,
1120   der qvam dar vzer moze vil.
       Isengrin hatte sich wol bedacht,
       hern Reizen hatter dare bracht,
       einen rvden vreslich.
       vf des zennen solde sich
1125   Reinhart enschvldiget han.
       den rat hatte her Brvn getan.
       si hiezen Reizen liegen vur tot,
       da was nach vberkvndigot
       Reinhart, der vil liste pflac.
1130   Crimel sach, wa Reize lac,
       er sprach: 'Reinhart, vernim mir:
       gewerliche sag ich dir,
       dv endarft mirs niht verwizen,
       Reize wil dich erbizen:
1135   kvmet din vuz vur sinen mvnt,
       dvnen wirdest nimmer me gesvnt.'
       der lvchs, der si brachte dar,
       sprach zv Reinharte: 'nv nim war,
       wi dv zv vnserme angesichte
1140   Isengrine getvs ein gerichte,
       daz dv niht wurbes vmb sin wip.'

Verwandte mit. Einige will ich euch nennen; ihr werdet sie sicher kennen: Da war der Elefant und der Wisent – beide erschienen Reinhart riesenhaft. Die Hinde und der Hirsch Randolt waren Isengrin gewogen. Auch der Bär Brun[20] und das Wildschwein waren auf Isengrins Seite. Alle kann ich nicht aufzählen. Kurz: alle großen Tiere unterstützten Isengrin. Freilich hätten sie lieber daheim bleiben sollen. Mit Reinhart kam der Dachs Crimel[21], auf den er sich verlassen konnte. Er ließ ihn nie im Stich in der Not, und dies währte bis zu ihrem Tod. Es kamen der Hase, das Kaninchen und zahlreiche andere kleine Tiere, die ich nicht alle nennen will. Isengrin hatte sich wohl vorbereitet und Herrn Reize[22], einen gefährlichen Rüden, mitgebracht. Auf dessen Zähnen sollte Reinhart seine Unschuld beschwören. Das hatte Herr Brun geraten. Reize sollte sich niederlegen, als sei er tot. So wurde der listenreiche Reinhart fast überlistet.

Als Crimel Reize liegen sah, sprach er: „Reinhart, höre auf mich und verwirf nicht meinen Rat. Ich versichere dir, daß Reize dich totbeißen will. Gerätst du mit deiner Pfote vor seinen Rachen, so kommst du nicht mit dem Leben davon."

Der Luchs, der sie hingebracht hatte, sprach nun zu Reinhart: „Nun bemühe dich, Isengrin vor uns allen Gewißheit darüber zu geben, daß du seiner Frau nicht nachgestellt hast!"

„Bei meinem Leben", sprach der, „ich will es tun, so daß er mir am Ende Abbitte leisten wird. Wären nur alle so frei von falschen Gedanken, wie ich selbst es stets war!"

'ich tvn', sprach er, 'sam mir min lip,
daz er gebe rede vil gvt.'
er sprach: 'were die werlt gar behvt
1145 vor vntriwen, als ich was ie!'
Reinhart sich sprechen gie,
sine mage bat er dar vz gan.
'wizzet ir, was ich ersehen han?'
sprach er, 'Reize lebet, ich wil varen.
1150 got mvze ev alle wol bewaren!'
er hvb sich vf daz gevilde,
do sprach manic tier wilde:
'seht, nv vlvhet Reinhart!'
Isingrine vil zorn wart,
1155 er hvb sich vf sine spor,
ver Hersant lief im verre vor,
daz was vil vbele getan.
irn travt wolde si erbizzen han
dvrch ir vnschvlde
1160 vnde dvrch Isingrines hvlde.
Reinhart was leckerheit wol kvnt:
siner amien warf er dvrch den mvnt
sinen zagel dvrch kvndikeit.
zv siner bvrc er do reit,
1165 das was ein schonez dachsloch,
dar flvhet sin geslechte noch.
da ernerte Reinhart den lip sin.
ver Hersant lief nach im drin
mit alle wan vber den bvc.
1170 do gewan si schire schande genuc:
sine mochte hin noch her,
Reinhart nam des gvten war,
zv eime andern loche er vz spranc,
vf sine gevateren tet er einen wanc.
1175 Isengrine ein herzen leit geschach:
er gebrvtete si, daz erz an sach.
Reinhart sprach: 'vil libe vrvndin,
ir schvlt talent mit mir sin.
izn weiz niman, ob got wil,
1180 dvrch ewer ere ich iz gerne verhil.'
vern Hersante schande was niht cleine,
si beiz vor zorne in die steine,

Reinhart bat seine Verwandten, mit ihm beiseite zu treten,
damit er sich mit ihnen beraten könne.
„Wißt ihr, was ich entdeckt habe?" sprach er. „Reize lebt!
Ich will fliehen. Möge Gott euch alle behüten."
Er machte, daß er fortkam. Da riefen viele wilde Tiere:
„Seht, Reinhart ergreift die Flucht!"
Isengrin folgte ihm voller Zorn, doch Frau Hersante lief
ihm weit voraus. Das war schlecht gehandelt. Um ihre Unschuld zu beweisen und Isengrins Verzeihung zu erlangen,
wollte sie ihren Geliebten totbeißen. Reinhart war jedoch
durchtrieben genug. Schalkhaft ließ er seine Geliebte nur
seinen Schweif schmecken und rannte zu seiner Burg, einem
gut angelegten Dachsloch, in das seinesgleichen sich stets in
Gefahren rettet. Dort hinein flüchtete sich Reinhart. Frau
Hersante stürzte ihm nach und fuhr bis zur Brust in das
Loch. Das brachte ihr arge Schande, denn sie konnte weder
vorwärts noch zurück. Reinhart merkte dies wohl, er
schlüpfte aus einem anderen Loch heraus und sprang auf
seine Gevatterin. Isengrin mußte nun großes Herzeleid erdulden, denn er mußte von weitem mit ansehen, wie Reinhart sie schändete.
Dabei sprach der Fuchs: „Liebste Freundin, Ihr sollt heut
mein eigen sein. Es weiß – bei Gott – niemand etwas davon, und um Eure Ehre willen werde ich darüber stillschweigen."

ir kraft konde ir nicht gefrvmen.
nv sach Reinhart kvmen
1185 Isingrinen zornicliche.
'mir ist bezzer, daz ich entweiche',
sprach Reinhart vnde hob sich wider in.
mit Isengrine qvamen die svne sin,
manic tier vreisam
1190 mit Ysengrine qvamen dar san;
mit den mochte er bezevgen sint,
daz geminnet was sin libes wib.
Isengrin begonde weinen.
bi den hindern beinen
1195 wart ver Hersant vzgezogen.
'mich hat vil dicke betrogen
Reinhart', sprach Ysengrin,
'daz wolde ich allez lazen sin,
wenne ditz ansehende leit,
1200 daz ist lanc vnde breit.'
Reinhart gienc zv der pforten stan,
er sprach: 'ich han evch niht getan.
min gevatere wolde herin,
do hiez ich si willekvmen sin,
1205 vnde daz ich evch niht habe getan,
daz wil ich an minen paten lan.'
'entrewen', sprach der bate,
'ichn mag gesin svnere niht me.
ich mvz din vint sin dvrch not,
1210 in miner hant liget din tot.'
'neina, bate', sprach Reinhart,
'so tetest dv ein vbele vart.
izn wurde dir nimmer vergeben,
di wile dv hetest daz leben,
1215 vnde mvstez sein zv allen stvnden
mit ysen gebvnden.'
Ysengrin sprach: 'desswar,
ver Hersant, nv sint iz siben iar,
daz ich evch zv miner e nam.
1220 da was manic tier lvssam
vnser beider kvnne.
sint hatte wir entsamet wunne.
nv hat vns gehonet Reinhart,

Frau Hersantes Schande war nicht eben gering, und sie biß vor Wut in die Steine, doch all ihre Kraft nutzte ihr nichts.
Da sah Reinhart Isengrin zornerfüllt daherkommen. Er sprach: „Es ist wohl besser für mich, wenn ich jetzt verschwinde." Und er zog sich wieder zurück.
Gemeinsam mit Isengrin kamen seine Söhne und viele andere gefährliche Tiere an. Sie alle konnten ihm bezeugen, daß seine liebe Frau geschändet worden war. Isengrin begann zu weinen. Frau Hersante aber wurde an den Hinterbeinen herausgezogen.
„Oft hat Reinhart mich hinters Licht geführt", sprach Isengrin. „Das alles wollte ich verschmerzen, nur nicht dieses sichtbarliche Leid; es ist allzu groß."
Reinhart kam zum Ausgang und sprach: „Ich habe Euch doch nichts Böses zugefügt. Meine Gevatterin wollte zu mir herein, so daß ich ihr den Willkommensgruß entbot. Daß ich Euch nichts Übles getan habe, kann mein Gevatter Luchs bezeugen."
„Wahrhaftig", sprach der Luchs, „ich will hier keine Sühne mehr stiften, denn ich muß fortan dein Todfeind sein und werde dich umbringen."
„Aber nein doch, Gevatter", sprach Reinhart. „Du brächtest dich in eine schlimme Lage. Zeit deines Lebens würde dir dies nicht verziehen, und du müßtest den Rest deines Lebens im Kerker verbringen."
Isengrin sprach: „Fürwahr, Frau Hersante, es sind nun sieben Jahre her, da ich mit Euch die Ehe einging. Damals feierten viele Tiere aus unserem Geschlecht mit uns. Seitdem lebten wir glücklich miteinander. Nun hat uns Rein-

owe, daz er ie vnser gevatere wart
1225 ichn magez nimmer werden vro.'
ver Hersant weinete do
vnde hielte Ysengrin,
alsam taten ovch di svne sin.
daz laster mvsten si haben.
1230 do begonden si dannen draben,
vil zornic was ir aller mvt.
Reinhart sprach: 'gevatere gvt,
trvt min her Ysengrin,
ir svlt talanc hi sin.
1235 wolt ir aber hinnen gan,
so svlt ir mine gevateren hi lan.
di sol von rechte hie wirtinne sin.'
des antwort im niht her Ysengrin.
 Ditz geschah in eime lantvride,
1240 den hatte geboten bi der wide
ein lewe, der was Vrevil genant,
gewaltic vber daz lant.
keime tier mocht sin kraft gefrvmen,
izn mvste vur in zv gerichte kvmen.
1245 si leisten alle sin gebot,
er was ir herre ane got.
den vride gebot er dvrch not:
er wande den grimmigen tot
vil gewisliche an ime tragen.
1250 wi daz qvam, daz wil ich evh sagen:
zv einem ameizen hvfen wold er gan,
nv hiez er si alle stille stan
vnde sagte in vremde mere,
daz er ir herre were.
1255 des enwolden si niht volgen,
des wart sin mvt erbolgen.
vor zorne er vf die burc spranc,
mit kranken tieren er do ranc,
in dvchte, daz iz im tete not.
1260 ir lagen da me danne tvsent tot
vnde vil mange sere wunt,
gnvc bleibe ir ovch gesvnt.
sinen zorn er vaste ane in rach,
die bvrk er an den grvnt brach.

hart in Schande gebracht. Wehe, daß er je unser Gevatter ward! Ich werde es nie verwinden."

Da weinte Frau Hersante, und Isengrin mitsamt seinen Söhnen heulte, daß sie die Schande tragen mußten. Zornigen Herzens trabten sie schließlich von dannen.

Reinhart aber sprach: „Lieber Gevatter, bester Herr Isengrin. Ihr solltet heute bei mir bleiben. Wenn Ihr aber schon gehen wollt, so solltet Ihr doch meine Gevatterin hierlassen, damit sie von Rechts wegen Hausherrin wird."

Isengrin antwortete ihm jedoch nicht.

Dies alles geschah während eines Landfriedens.[23] Bei Strafe des Stranges hatte der Löwe Vrevel[24], der das Land beherrschte, ihn geboten. Kein Tier konnte sich ihm widersetzen, ein jedes mußte vor seinen Richterstuhl kommen. Alle gehorchten ihm, und er war nach Gott ihr aller Herr. Nur notgedrungen hatte er den Frieden befohlen, denn er glaubte sich bereits dem grimmigen Tode nahe. Ich will euch erzählen, wie es dazu gekommen war.

Einst trat er zu einem Ameisenhaufen, forderte die Ameisen auf, ihm zuzuhören, und verkündete ihnen überraschend, daß er ihr Herrscher sei. Als sie dies nicht anerkennen wollten, geriet er in Wut. Zornig sprang er auf ihre Stadt und griff die schwachen Tiere an, da er dies für eine notwendige Strafe ansah. Mehr als tausend fanden den Tod, viele andere lagen schwer verwundet auf dem Schlachtfeld, doch eine ziemlich große Anzahl von ihnen konnte überleben. Seinen Grimm tobte er an ihnen aus und zerstörte die Stadt bis auf die Grundfesten.[25] Nachdem er ihnen unabsehbaren Schaden zugefügt hatte, zog er wieder von dan-

1265 er hatte in geschadet ane maze,
do hvb er sich sine straze.
die ameyzen begonden clagen
vnde irn grozen schaden sagen,
den si hatten an irem chvnne.
1270 z( )ergangen was ir wunne,
daz waz in ein iemerlicher tac.
der herre, der der burc pflac,
daz was ein ameyz vreisam.
do der vz dem walde qvam,
1275 do vernam er leide mere,
daz sine bvrgere
den grozen schaden mvsten han.
er sprach: 'wer hat ev ditz getan?'
di dannoch niht waren tot,
1280 di clageten vaste ir not:
'wir sin von trewen darzv chvmen:
wir hatten von Vrevele gar vernvmen,
daz wir im solden sin vndertan.
done wolde wir deheinen han
1285 wan evch, des mvzze wir schaden tragen;
er hat uns vil der mage erslagen
vnde dise bvrc zebrochen.
blibet daz vngerochen,
so habe wir vnser ere gar verlorn.'
1290 'ich wolde e den tot korn',
sprach ir herre vnde hvb sich zehant
nach dem lewen, biz daz er in vant
vnder einer linden, da er slief.
der ameyze zv im lief
1295 mit eime grimmigen mvte.
er gedachte: 'herre got der gvte,
wie sol ich gerechen mine diet?
erbiz ich in, ichn trage sin hinnen niht.'
er hatte mangen gedanc –
1300 mit kraft er im in daz ore spranc.
dem kvnege daz zv schaden wart;
do gesach iz Reinhart,
der was verborgen da bi.
si iehent, daz er niht wise si,
1305 der sinen vient versmahen wil.

nen. Da erhoben die Ameisen Klage über den großen Verlust, der ihrem Geschlecht zugefügt worden war. Jäh war an diesem jammervollen Tag ihr Glück zerstört worden.
Der Herrscher und Hüter der Stadt war ein jähzorniger, gefährlicher Ameisenherr. Als er aus dem Wald kam, erhielt er die schmerzliche Kunde von dem schweren Verlust, der seinen Bürgern widerfahren war.
Er sprach: „Wer hat euch dies zugefügt?"
Da klagten die Überlebenden mit bewegenden Worten ihre Not: „Unsere Treue zu Euch ist der Grund. Vrevel hat uns erklärt, daß wir ihm untertan sein sollten. Wir wollten jedoch keinen anderen Herren als Euch, und dafür müssen wir nun diesen Verlust hinnehmen. Er hat viele von unseren Verwandten erschlagen und dazu die ganze Stadt zerstört. Bleibt dies ungesühnt, so ist unsere Ehre dahin."
„Eher wollte ich den Tod auf mich nehmen", rief ihr Herr und eilte auf der Stelle dem Löwen nach, bis er ihn schlafend unter einer Linde fand. Der Ameisenherrscher lief ergrimmt zu ihm hin und dachte bei sich: ‚Herr Gott, wie soll ich meine Untertanen rächen? Beiße ich ihn tot, so kann ich ihn nicht von dannen tragen.' Er dachte hin und her, bis er ihm schließlich mit einem großen Satz ins Ohr sprang, was dem König sehr zum Übel gereichen sollte.

>   der lewe gewan do kvmmers vil.
>   zv dem hirne fvr er vf die richte,
>   der kvnic vf erschricte
>   vnde sprach: 'genediger trechtin,
> 1310 was mac ditz vbeles gesin?
>   owe daz ich mich versovmet han
>   gerichtes! des mvz ich trvric stan,
>   wen es geschiht mir nimmer me.'
>   der lewe da vil lvte schre.
> 1315 manic tier daz vernam,
>   daz vil balde dar qvam,
>   vnde sprachen: 'was ist ev geschen?'
>   er sprach: 'mir ist we, daz mvz ich iehen.
>   ich weiz wol, iz ist gotes slac,
> 1320 wen ich gerichtes niht enpflac.'
>   einen hof gebot er zehant,
>   die boten wurden zesant
>   witen in daz riche.
>   er wart nemeliche
> 1325 in eine wisen gesprochen
>   vber sechs wochen,
>   dane was wider niht.
>   an hochgestvle man geriet,
>   daz was gvt vnde stark
> 1330 vnde coste me dan tvsent mark.
>   ich nenne evch, wer dar qvam:
>   aller erste, als ich iz vernam,
>   daz pantyr vnde der elefant,
>   der stravz, der wisent wol erkant.
> 1335 der hof harte michel wart:
>   dar qvam der zobel vnde der mart
>   vnde der lewart snel
>   (der trvg ovf ein gvgerel),
>   beide der hirz vnde der bere
> 1340 vnde die mvs vnde der scere,
>   dar qvam der lvchs vnde daz rech,
>   beide daz kvniclin vnde daz vech,
>   dar qvam di geiz vnde der wider,
>   der steinbock hvb sich her nider
> 1345 von dem gebirge balde,
>   ovch qvam vz dem walde

Reinhart, der in der Nähe versteckt war, sah dies alles. Man sagt ja, daß der, der seine Feinde unterschätzt, unklug handelt. Tatsächlich geriet der Löwe nun in große Bedrängnis, denn der Ameisenherrscher kroch ihm geradenwegs ins Gehirn.
Der König schreckte auf und sprach: „Gnädiger Gott, was für ein Übel plagt mich da? Wehe, warum habe ich die Rechtsprechung vernachlässigt! Dafür muß ich nun Schmerz erdulden! Doch fortan soll das nie mehr geschehen!"
Laut brüllte der Löwe, so daß viele Tiere es hörten, rasch zu ihm kamen und fragten: „Was ist Euch widerfahren?"
Er aber sagte: „Ich leide sehr, muß ich euch gestehen. Ich weiß wohl, es ist Gottes Strafe dafür, daß ich nicht Recht gesprochen habe."
Auf der Stelle befahl er einen Hoftag[26], und die Boten wurden überallhin in das Reich entsandt. Er sollte nämlich unwiderruflich nach Ablauf von sechs Wochen auf einer Wiese stattfinden. Der Aufbau einer Tribüne wurde befohlen, die solide und ansehnlich war und mehr als tausend Mark[27] kostete. Ich will euch aufzählen, wer dahin kam: Zuerst (wie ich hörte) der Panther und der Elefant, dann der Strauß und der wohlbekannte Wisent. Der Hoftag wurde sehr glanzvoll, denn es kamen der Zobel, der Marder, der (mit reichem Kopfputz geschmückte) schnellfüßige Leopard, der Hirsch, der Bär, die Maus und der Maulwurf; es kamen der Luchs und das Reh, sowohl das Kaninchen als auch das Hermelin; es kamen die Geiß und der Widder; der Steinbock stieg eilends vom Gebirge herab. Aus dem Walde kamen der Hase und das Wildschwein, der Otter

         der hase vnde daz wilde swin,
         der otter vnde daz mvrmendin,
         die olpente qvam ovch dare;
1350 der biber vnde der ygele ein schare,
         der harm vnde der eychorn
         heten den hof vngerne verborn,
         der vr vnde Kvnin,
         der schele vnde Baldewin,
1355 Reize vnde daz merrint,
         Crimil vnde manges tieres kint,
         der ich genennen nicht enkan,
         wand ich ir kvnde nie gewan,
         ver Hersant vnde Ysingrin
1360 qvamen dar vnde die svne sin.
         der kvnic gienc an daz gerichte sa.
         Reinhart was niht ze hove da;
         sine vinde brachte er doch ze not.
         der kvnich selbe gebot,
1365 daz si ir brechten liezen sin.
         do svchte rechte er Ysengrin:
         eines vorsprechen er gerte,
         der kvnic in eines gewerte.
         daz mvste Brvn der bere sin.
1370 er sprach: 'herre, nv gert Ysengrin
         dvrch recht vnde dvrch ewer gvte,
         ob ich in missehvte,
         daz er min mvze wandel han.'
         der kvnic sprach: 'daz si getan.'
1375 'kvnic gewaldic vnde her,
         groz laster vnde ser
         claget ev her Ysengrin:
         daz er hvte des zageles sin
         vor evch hi ane stat,
1380 daz was Reinhartes rat.
         des schamt sich vaste sin lip.
         vrowen Hersante, sin edele wip,
         hat er gehonet in dem vride,
         den ir gebvtet bi der wide.
1385 daz geschach vber iren danc.'
         Crimel do her fvre spranc,
         er sprach: 'richer kvnic, vernemt ovch mich!

und das Murmeltier; auch das Kamel kam hin. Der Biber, eine Igelschar und das Eichhorn wollten dem Hof nicht fernbleiben. Auch kamen der Auerochs und Küenin, der Hengst und der Esel Baldewin, Reize und das Meerrind, Crimel und viele andere Tiere, die ich nicht alle nennen kann, da ich von ihnen noch nie gehört habe. Schließlich kamen Frau Hersante, Isengrin und seine Söhne. Nun eröffnete der König den Gerichtstag. Obwohl Reinhart nicht zum Hofe gekommen war, sollte er seine Feinde dennoch in Bedrängnis bringen. Der König befahl persönlich allgemeines Stillschweigen. Da suchte Isengrin sein Recht, und er verlangte nach einem Anwalt[28], den ihm der König auch zugestand. Dieses Amt übernahm der Bär Brun.
Er sprach: „Herr, Isengrin begehrt – nach Recht und Eurer Gnade –, daß es ihm nicht zum Nachteil gereicht, wenn ich ihn schlecht vertrete."
Der König antwortete: „So sei es!"
„Mächtiger König und Herrscher! Herr Isengrin klagt vor Euch über große Schande und vieles Leid. Daß er heute hier vor Euch ohne Schwanz stehen muß, kam durch Reinharts schlechten Rat. Er schämt sich deshalb sehr. Zudem hat Reinhart Frau Hersante, Isengrins edle Gattin, entehrt, und dies in Eurem Landfrieden, den Ihr bei Strafe des Stranges geboten habt. Dies geschah gegen ihren Willen."
Da sprang Crimel vor und sprach: „Mächtiger König, hört auch mich an! Diese Worte sind unglaubwürdig und sehr

        diese rede ist vngelovblich
        vnde mag wol sin gelogen.
1390 wi mochte si min neve genotzogen?
        ver Hersant di ist grozer, dan er si.
        hat aber ir er gelegen bi
        dvrch minne, daz ist wunders niht,
        wan svlcher dinge vil geschiht.
1395 nv weste iz iman lvtzel hi:
        ver Hersant, nv sait, wi
        evch ewer man bringet ze mere?
        daz mag evch wesen swere.
        dar zv lastert er sine kint,
1400 di schone ivngelinge sint,
        ich hore ovh vppiclichen clagen,
        daz wil ich evh ver war sagen:
        herre kvnik, horet an dirre stat,
        schaden kisen, den er hat:
1405 vnde hat hern Ysengrines wip
        dvrch Reinharten verwert irn lip
        so groz als vmb ein linsin,
        daz bvze ich vur den neven min!'
        Isingrin begonde aber clagen,
1410 er sprach: 'ir herren, ich wil ev sagen:
        der schade beswert mir niht den mvt
        halp so vile, so daz laster tvt.'
        der kvnic vragete bi dem eide
        den hirz, daz ers bescheide,
1415 was dar vmbe rechtes mvge sin.
        Randolt sprach: 'her Ysengrin
        hat vil lasters vertragen –
        daz en mag ev niman widersagen –
        mit grozen vnmazen.
1420 ez sold in wol erlozen
        Reinhart mit siner kvndikeit.
        herre daz sol ev wesen leit.
        sold er gehonen edele wip,
        phy, was sold in dan der lip?
1425 ich verteile im bi minem eide
        vnde dvrch deheine leide
        wen von minen witzen:
        ir svllet in besitzen,

wahrscheinlich eine Lüge, denn wie könnte mein Gevatter
sie denn notzüchtigen? Frau Hersante ist ja viel größer als
er! Hat er ihr aber aus gegenseitiger Zuneigung beigelegen,
so bedarf dies doch keines Aufhebens, da derlei oft genug
geschieht. Im Grunde geht das auch niemanden etwas an.
Nun seht doch, Frau Hersante, wie Euer Mann Euch in
Verruf bringt! Das sollte Euch verdrießen. Dazu beschimpft
er seine eigenen Kinder, die doch prächtige Jünglinge sind.
Wahrhaftig, ich höre hier höchst überflüssiges Klagen. Herr
König, Ihr solltet an diesem Platz nur gerechtfertigten Kla-
gen Euer Gehör schenken. Wenn Herrn Isengrins Gattin
durch Reinhart auch nur im geringsten in Schande geraten
sein sollte, so will ich für meinen Vetter büßen."
Erneut erhob Isengrin seine Klage und sprach: „Ihr Herren,
ich will euch folgendes sagen: Der erlittene Schaden be-
schwert mein Gemüt nicht halb so sehr wie die Schande."
Da befragte der König den Hirsch unter Eid, er solle ent-
scheiden, was man von Rechtes wegen zu tun habe.
Randolt sprach: „Herr Isengrin hat Schmach über alles Maß
erdulden müssen; das kann Euch niemand widerlegen.
Reinhart hätte ihn mit seiner Arglist verschonen sollen.
Herr, dies muß Euch schmerzlich berühren. Wenn er gar
noch edle Frauen entehrt, pfui darüber, was ist dann noch
ihr Leben wert? Bei meinem Eid und nach bestem Vermö-
gen fälle ich – völlig unvoreingenommen – folgenden
Spruch: Ihr sollt ihn belagern und ihn – sofern Ihr seiner
habhaft werdet – ohne Verzug aufhängen lassen. Das wird
Euch zur Ehre gereichen."

           vnde mvget ir in gevahen,
1430 so heizet balde gahen,
       daz er werde erhangen;
       so habt ir ere begangen.'
         Der kvnic was selbe erbölgen,
       er sprach: 'ir herren, wolt irz volgen?'
1435 si sprachen: 'ia!' alle nach,
       zv Reinhartes schaden wart in gach.
       iz enwiderredete nieman
       wen ein olbente von Thvschalan,
       di was vrvmic vnde wis
1440 vnde dar zv vor alter gris.
       die vuze leite sie vur sich
       vnde sprach: 'er kvnec, vernemt ovh mih!
       ich hore mangen gvten knecht
       erteiln, daz mich dvnckt vnreht;
1445 sine kvnnen sich lichte niht baz verstan.
       bi dem eide wil ich vh zv rehte han,
       swen man hi ze hove beclage,
       ist er hie niht, daz manz im sage
       vnde sol in dristvnt vurladen.
1450 kvmet er niht vur, daz ist sin schade
       vnde sol im an sin leben gan.
       bi dem eide ich ditz erteilet han.'
       des wart Ysengrin vnvro.
       vil schire volgeten si do
1455 der olbente gemeine,
       die tiere groz vnde cleine.
       dise rede gevur also.
       Scantecler qvam do
       vnde vor Pinte zware,
1460 si trvgen vf einer bare
       ir tochter tot, daz was ir clag.
       di hatte an dem selben tag
       erbizzen der rote Reinhart.
       di bare vor den kvnich wart
1465 gesetzet, des begond er sich schamen.
       ditz was aber Ysengrines gamen.
       Scantecler hvb groze clage,
       er sprach: 'kvnik, vernim, was ich dir sage:
       dv scholt wizzen gewerliche,

76

Der König war selber sehr zornig und sprach: „Ihr Herren, folgt ihr diesem Spruch?"
„Ja!" antworteten sie, denn alle wünschten, daß es dem Fuchs möglichst bald übel ergehen möge. Niemand sprach dagegen außer dem Kamel von Tuschalan, denn es war bieder, voll tiefer Weisheit und altersgrau.
Es legte die Füße vor sich übereinander und sprach: „Herr König, so hört auch mich. Ich vernahm, wie hier gar mancher wackere Mann ein Urteil fällte, das ich nur als Unrecht anzusehen vermag. Vielleicht wußten sie es nicht besser, doch ich will Euch – bei meinem Eid – den Weg des Rechtes weisen: Wenn jemand hier bei Hofe in Abwesenheit beklagt wird, so muß man ihm die Klage übermitteln und ihn dreimal vorladen.[29] Erscheint er nicht, so ist es sein eigener Schade, und man soll ihm dann das Todesurteil sprechen. Diesen Spruch habe ich getreu meinem Eid gefunden."
Isengrin war darob mißvergnügt, denn alle Tiere – ob groß oder klein – stimmten dem Kamel unverzüglich zu. Entsprechend wurde auch verfahren.
In diesem Augenblick erschien Schantecler mit Frau Pinte. Beide trugen auf einer Bahre den Leichnam ihrer Tochter, um Anklage zu erheben. Die hatte an ebendiesem Tag der falsche Reinhart totgebissen. Die Bahre wurde vor dem König niedergesetzt, der sich darob zu schämen begann. Isengrin aber triumphierte.
Schantecler erhob bittere Klage und sprach: „O König, vernimm, was ich dir zu sagen habe: Du kannst wahrhaftig

1470 dir honet Reinhart din riche,
des hat er sich gevlizzen:
owe, er hat mir erbizzen
mine tochter also gvt!'
einen zornigen mvt
1475 gewan der kvnick here,
die clage mvet in sere
vnde sprach: 'sam mir min bart,
so mvz der vuchs Reinhart
gewislichen rovmen ditz lant,
1480 oder er hat den tot an der hant.'
    Der hase gesach des kvniges zorn,
do want der zage sin verlorn.
daz ist noch der hasen sit.
vor vorchten bestvnt in der rit.
1485 der kvnic hiez singen gan
hern Brvnen, sinen kappelan,
vnde ander sine lereknaben:
der tote wart schire begraben.
der hase leit sich vf daz grab do
1490 vnde entslief, des wart er harte vro,
als ich evch sagen mvz:
do wart im des riten bvz.
der hase vferschricte,
vur den kvnik gienc er enrichte
1495 vnde sagte im vremde mere,
daz daz hvn were
heilick vor gotes gesichte.
do lute man in richte.
si begonden allentsamt iehen,
1500 da were ein zeichen geschen
vnde erhvben einen hohen sanc.
des weste Reinharte niman danc;
si baten alle geliche,
daz der kvnic riche
1505 dise vntat vaste richte,
si sprachen: 'zv vnserm angesichte
hat got ein zeichen getan;
Reinhart sold iz vermiden han,
daz er an alle missetat
1510 diesen heiligen gemartirt hat.'

sicher sein, daß Reinhart nur darauf aus ist, deine Königswürde zu verhöhnen. O wehe, er hat mir meine liebe Tochter totgebissen!"
Da überkam den edlen König ein heftiger Zorn, denn die Klage bewegte ihn sehr. Er sprach: „Bei meinem Barte![30] Der Fuchs Reinhart muß wahr und wahrhaftig aus dem Lande weichen, oder ihn trifft der Tod."

Als der Hase des Königs Zorn sah, glaubte sich der Feigling schon verloren. Das ist nun einmal die Art der Hasen. Vor lauter Furcht überkamen ihn Fieberschauer. Der König ließ Herrn Brun, seinen Hofkaplan, mitsamt den Ministranten die Totenmesse halten. Rasch wurde die Tote bestattet. Der Hase aber legte sich auf den Grabhügel und schlief fest ein. Darüber konnte er – wie ich euch versichere – froh sein, denn das Fieber ging zurück.
Plötzlich schreckte der Hase auf und ging geradenwegs zum König, dem er eine seltsame Geschichte erzählte: Das Huhn sei vor Gottes Angesicht zur Heiligen erhoben worden. Da ließ man alsbald die Glocken läuten und erzählte allenthalben, es sei ein Wunder geschehen; ein Hochgesang wurde angestimmt.[31] Nun verzieh man Reinhart seine Tat erst recht nicht. Alle baten, der mächtige König möge diese Untat doch streng vergelten.
Sie sagten: „Vor unseren Augen hat Gott ein Wunder getan. Reinhart hätte diese Heilige nicht ohne jeden Grund zu Tode martern sollen."

Der kvnic hiez sinen kapelan
hern Brvn nach Reinharten gan.
des wold er weigern dvrch not,
doch tet er, daz der kvnic gebot:
1515 nach im gienge er in den walt.
Reinhartes liste waren manicfalt,
des mvst engelden al daz lant.
vor sinem loche er in do vant.
daz loch in einem steine was,
1520 da er vor sinen vienden genas.
der bvrck sprichet man noch,
so man si nennet, 'vbel loch'.
Reinhart konde wol enpfan
des richen kvniges kapelan.
1525 'willekvmen, edler schribere',
sprach er, 'nv saget mir mere,
wie iz da ze hove stat.
ich weiz wol, ir sit des kvnges rat.'
'da bistv beklaget sere.
1530 also lieb so dir si din ere,
so kvme vur vnde entrede dich,
man hat nach dir gesendet mich'.
    Reinhart sprach: 'her kapelan,
nv svl wir enbizen gan,
1535 so vare wir ze hove dester baz.'
Reinhartes trewen waren laz.
'einen bovm weiz ich wol,
der ist gvtes honeges vol.'
'nv wol hin!' sprach er, 'des gert ich ie.'
1540 her Brvn mit Reinharte gie.
er wizet in, do ein villan
einen weck hat getan
in ein bloch vnde hat in dvrchgeslagen –
der tevfel hat in dar getragen.
1545 er sprach: 'liber vrvnt min,
iz sol allez gemeine sin
vnde werbet mit sinnen,
hie ist vil binen innen.'
vmb die binne ers doch niht liez,
1550 daz hovbet er in daz bloch stiez.
Reinhart den wecke inzvckte,

Der König befahl Herrn Brun, seinem Hofkaplan, sich zu Reinhart zu begeben. Dies hätte Brun aus gutem Grund gern verweigert, doch er tat, was der König befahl, und begab sich zu Reinhart in den Wald. (Reinhart schmiedete nämlich immer neue Ränke, und alle Tiere im ganzen Land mußten dies zu ihrem Leidwesen erfahren.) Der Bär fand den Fuchs vor seinem Schlupfloch in einer Felswand, wo er sich den Nachstellungen seiner Feinde entzog. Dieser Bau wird noch jetzt „Übelloch" genannt. Reinhart verstand es, den Hofkaplan des mächtigen Königs würdig zu begrüßen.
„Seid willkommen, edler Sekretarius", sagte er, „erzählt mir doch, wie es bei Hofe steht. Ich weiß wohl, daß Ihr des Königs Ratgeber seid."
„Man hat schwere Anklage wider dich erhoben. Sofern dir deine Ehre lieb ist, begib dich hin und rechtfertige dich. Man lädt dich durch mich vor."

Reinhart aber sprach: „Herr Hofkaplan, wir wollen erst noch etwas zu uns nehmen, denn dann werden wir um so angenehmer an den Hof reisen." (Reinhart aber sann auf Verrat.) „Ich weiß einen Baum, randvoll mit ausgezeichnetem Honig."
„Dann laßt uns hingehen", sprach Brun, „denn danach verlangt mich schon lange."
Herr Brun folgte also Reinhart. Der aber führte ihn zu einem Stamm, in den ein Bauer einen Keil getrieben hatte — der Teufel mochte ihn an diesen Platz gebracht haben.
Reinhart sprach: „Lieber Freund, das alles soll Euch gehören. Doch gebt gut acht, es stecken viele Bienen darinnen."
Brun ließ sich von den Bienen nicht abschrecken und steckte den Kopf in den Spalt des Stammes. Da riß Reinhart den Keil heraus und klemmte ihm den Kopf ein. Der Hofkaplan war gefangen und konnte nun lange auf die Mahl-

             daz hovbet er im zedrvckte.
             der capelan was gevangen,
             in mochte des ezzens wol belangen.
1555   er Brvn schrei: 'och' vnde 'o',
             Reinhart sprach: 'wi tvt ir so?
             ich hatte vch wol gewarnet e.
             evch tvnt die bine wenic we.
             nv ezzet gemeliche!
1560   der kvnick ist so riche,
             daz er mirz wol vergelten kan.'
             do hvb er sich balde dan.
                Der capelan begonde sich clagen,
             do hort er kvmen einen wagen,
1565   des wart sin angest grozlich.
             vil vaste strebt er hinder sich.
             do in der wagenman ersach,
             dehein wort er me sprach,
             e er wider in daz dorf qvam.
1570   zv der kirchen lief er vnde nam
             die glocsnvr in die hant
             vnde lvtte die glocgen, die er vant,
             vaste zv stvrme, daz der schal
             qvam in daz dorf vber al,
1575   daz die gebvre alle
             qvamen zv dem schalle.
             der gebvre sagte mere,
             daz ein bere behaffet were
             an meisters iagerschaft:
1580   'daz hat getan die gotes kraft.
             vil wol ich evch dar gewisen kan.'
             do hvb sich wib vnde man,
             daz was ein engestliches dinc.
             do qvam ein kvndic sprenzinc,
1585   da er h( )ern Brvnen vant,
             ein stangen trvc er an der hant.
             der kapelan horte wol den doz,
             sin angest was michel vnde groz.
             die vuze sazte er an daz bloch sa
1590   vnde zoch sich ovz, doch liez er da
             beide oren vnde den hvt.
             daz honich dvcht in niht ze gvt.

zeit warten. Herr Brun schrie Ach und Weh, doch Reinhart sprach: „Wie gebärdet Ihr Euch nur? Ich habe Euch doch vorher gewarnt. Nun plagen Euch die Bienen ein wenig. Speist nur vergnügt. Der König ist reich genug, so daß er es mir vergelten kann."
Damit machte er sich davon. Der Hofkaplan begann zu wehklagen. Als er gar einen Wagen nahen hörte, wuchs seine Angst, und er mühte sich, seinen Kopf herauszuziehen. Als der Fuhrmann ihn erblickte, jagte er, ohne ein Wort zu verlieren, ins Dorf zurück. Er lief zu der Kirche, ergriff das Glockenseil und läutete mit allen vorhandenen Glocken Sturm, daß es im ganzen Dorf zu hören war. Die Bauern eilten sämtlich zum Kirchplatz, wo ihnen der Fuhrmann erzählte, daß ein Bär ohne Zutun eines Jägers festgesetzt worden sei: „Gott selbst hat dies in seiner Allmacht vollbracht. Ich kann euch ohne weiteres hinführen."
Da brachen Frauen und Männer auf, bedrohlich anzusehen. Auch ein verschlagener Dorfgeck kam zu Herrn Brun, einen Knüppel in der Hand. Der Hofkaplan hörte den Lärm, und seine Angst wurde riesengroß. Er stemmte die Vorderpfoten auf den Stamm und riß sich los, doch blieb die Kopfhaut mitsamt den Ohren im Spalt stecken. Dieser Honig schmeckte ihm nicht sehr süß! So trollte sich der Königsbote von dannen.

          dannen hvb sich der bote.
          vernemet von selzeme spote:
     1595 Reinhart vor siner bvrck saz,
          leckerheite er niht vergaz;
          nv horet rechte, wi er sprach,
          do er hern Brvnen bloz gesach.
          er sprach: 'gvt herre, her kapelan,
     1600 war habt ir ewern hvt getan?
          hat irn gesetzet vmme win?
          owe, daz laster were min,
          daz sait ir ze hove mere,
          daz ich boser wirt were.'
     1605   Er Brvn vor zorne niht sprach,
          wan daz er in vbellich ane sach.
          her Brvn qvam zv hove bloz,
          sin clage wart michel vnde groz.
          do qvamen die tyer gedrvngen,
     1610 die alden vnt die ivngen,
          vnde schoweten die blatten breit.
          do klagte grvndelose leit
          dem kvnege sin capelan,
          er sprach: 'ditz hat mir Reinhart getan.
     1615 ich gebot im, kvnic, vur dich.
          trvt herre, nv sich,
          wie er mich hat bracht zv dirre not;
          mir were liber der tot!'
          der kvnic wart zornielich getan
     1620 vmme sinen kapelan
          im wart der mvt vil swere.
          was dar vmme recht were,
          vraget er den biber ze stvnt.
          'herre, als mir dar vmme ist chvnt,
     1625 so sprich ich bi dem eide
          nimanne ze libe noch ze leide
          vnde bi der trewe min,
          daz hi wider niht sol sin,
          ich verteil ime beide lip vnde gvt,
     1630 vnde swer im keinen rat tvt,
          daz man den ze echte zvn sol.
          des mvgen dise herren gevolgen wol.'
          Randolt sprach: 'daz ist recht',

Vernehmt nun, welchen ausgesuchten Hohn er dazu über sich ergehen lassen mußte, denn Reinhart, der vor seinem Bau saß, sann sogleich auf neue Schelmerei. Hört zu, was er sagte, als er den geschundenen Brun erblickte. „Lieber Herr und Hofkaplan, wo habt Ihr denn Eure Kopfbedeckung gelassen! Habt Ihr sie um Wein versetzt? O wehe, welche Schmach für mich, wenn Ihr bei Hofe sagen solltet, ich sei Euch ein schlechter Gastgeber gewesen."

Herr Brun sprach vor Wut kein Wort und sah ihn nur grimmig an.
Als er mit entblößtem Schädel am Hofe eintraf, begann er heftig und eindringlich Klage zu erheben. Alle Tiere – alt und jung – drängten herbei und sahen sich die große Tonsur an. Der Hofkaplan aber klagte seine abgrundtiefe Not dem König und sprach: „Das hat mir Reinhart zugefügt. O König, ich habe ihn vor dein Angesicht geladen. Nun sieh, lieber Herr, was für Leid er mir dafür zugefügt hat. Am liebsten wäre ich tot."
Der König war erzürnt und bekümmert über das Ungemach seines Kaplans. Er bat nun den Biber um Rat.
„O Herr, nach bestem Wissen und ohne Voreingenommenheit spreche ich bei meinem Eid und meiner Treue, daß es hier nur eine Entscheidung geben kann: Sein Leben und sein Besitz sind verwirkt. Wer ihm beisteht, soll geächtet werden. Dem sollten alle Edlen zustimmen."
Randolt sprach: „So soll es rechtens sein!"

         des volget manic gvt knecht.
1635 der helfant sprach erbolgen:
     'des wil ich niht volgen!
     ein vrteil ist hie vurkvmen,
     als ir alle hat vernvmen,
     daz inmac niman erwenden:
1640 man sol nach im senden
     boten me dan dristvnt!
     der tevfel var im in den mvnt,
     swer liege bi sinem eide
     iman ze libe oder ze leide!'
1645 des volgten si, wan iz was reht.
     des qvam ze not her Dypreht.
       Der kvnic hie in fvr sich stan
     vnde nach Reinharte gan.
     do sprach Dipreht zv stvnt:
1650 'daz lantrecht ist mir niht kvnt;
     herre, er ist min kvllinc.'
     'dvne macht dvrch keine dinc
     dises vberwerden', sprach Randolt,
     'ir sit ein ander enborholt.'
1655 der kvnic iz im an den lip gebot.
     Diprecht sprach: 'ditz tvt mir not.'
     er hvb sich harte balde.
     do vant er in dem walde
     sinen neven, der da hiez Reinhart,
1660 der hatte mange vbele art.
     nv vernemet, wie Reinhart sprach,
     do er sinen neven an sach:
       Er sprach: 'willekvme, sippeblvt!
     vil we mir min herze tvt,
1665 daz dv mich hast vermiden so.
     ich enwart nie gastes so vro.'
     Diprecht sprach: 'nv habe danc!
     iz dvncket ovch mich harte lanc.
     der kvnic hat mich zv dir gesant
1670 vnde swert, daz dv ime daz lant
     rvmest, kvmestv vur nicht.
     vber dich klaget alle dit.
     dv hast vil vbele getan,
     daz dv sinen kapelan

So mancher wackere Mann stimmte zu. Da aber sprach aufgebracht der Elefant: „Dem kann ich nicht zustimmen! Hier wurde bereits vor aller Ohren ein Urteil gefällt, das niemand brechen darf. Dreimal soll man ihn durch Boten vorladen! Der Teufel fahre dem ins Maul, der voreingenommen unter Eid falschen Rat erteilt!"

Dem stimmte man zu, denn so war es rechtens. Dadurch aber kam Herr Diebrecht in Not. Der König ließ ihn vortreten und schickte ihn zu Reinhart. Diebrecht aber sprach: „O Herr, ich kenne mich im Landrecht[32] nicht aus, und außerdem ist er mein Verwandter."
Randolt aber sagte: „Du kannst dich diesem Auftrag mit keiner Ausrede entziehen. Außerdem ist eure gegenseitige Zuneigung nicht gar so groß."
Der König befahl es ihm bei seinem Leben. Da sagte Diebrecht: „Das wird mir Leid bringen!" Eilends trabte er davon und traf im Walde seinen arglistigen Gevatter Reinhart.

Vernehmt, was Reinhart sagte, als er seinen Gevatter erblickte: „Willkommen, Bruderherz! Es tut mir im tiefsten Herzen weh, daß du mich so lange gemieden hast. Niemals habe ich mich über einen Gast so gefreut."
Diebrecht antwortete: „Hab vielen Dank! Auch mir erscheint die Zeit recht lang. Der König hat mich zu dir gesandt. Er hat geschworen, dich aus dem Lande zu treiben, wenn du nicht vor ihm erscheinst. Alle Welt klagt über dich. Du tatest nicht gut daran, seinen Hofkaplan ohne Schopf zurückzusenden."

1675 wider santest ane hvt.'
Reinhart sprach: 'neve gvt,
ichn gesach hern Brvn zwar
nie in disem iar,
wen do mich iagt her Ysengrin.
1680 waz sagest dv mir, neve min?
woldest dv mit mir gan,
ich gebe dir gerne, des ich han.
ich han hie ein veste hvs,
da inne han ich mange mvs
1685 behalden minen gesten.
da nim dv dir die besten.'
die nacht harte liecht wart,
sinen neven verriet do Reinhart.
   Zv dem hvse vurt er in do.
1690 Dyprecht was der spise vro.
da lag ein pfaffe inne,
dem michel vnminne
Reinhart hat getan,
daz mvste vf Diprechten gan.
1695 einen stric richt er vur ein hol loch,
daz tvnt ovch gnvge levte noch.
Reinharte da gelaget was,
sin neve da mit not genas.
Diprechte was in den strick gach,
1700 nv was er gevangen nach.
daz gehorte des pfaffen wip,
sie sprach: 'vf, sam mir min lip!
den vuchs wir gevangen han,
der vns den schaden hat getan!'
1705 der heilige ewarte
ilte vil drate,
eine kippen nam er in die hant
vnde hvp sich, do er Diprechten vant.
er wante, iz were Reinhart.
1710 Diprechten gerow die vart,
vil vaste worgende er do schrei.
der pfaffe slvc die snvr enzwei,
daz qvam von den vinsterin.
Diprecht wolde dannen sin,
1715 dem tet er wol gelich zehant:

Reinhart aber sagte: „Lieber Gevatter, ich habe Herrn Brun doch wahrhaftig das ganze Jahr über nicht gesehen; nur damals, als mich Herr Isengrin verfolgte. Was erzählst du mir da, lieber Gevatter? Wenn du mit mir kommen willst, werde ich dich gern mit allem bewirten, was ich nur aufbieten kann. Ich besitze hier in der Nähe ein Haus, in dem ich für meine Gäste zahlreiche Mäuse halte. Such dir da die besten aus."

Es war eine helle Nacht, als Reinhart seinen Gevatter verriet. Reinhart führte ihn zu dem Haus, und Diebrecht freute sich auf die Mahlzeit. Darinnen aber wohnte ein Priester, dem Reinhart großen Verdruß bereitet hatte; dafür sollte jetzt Diebrecht zahlen. Der Priester hatte (wie man zu tun pflegt) vor das Schlupfloch eine Schlinge gehängt. Dieser für Reinhart bestimmten Falle sollte sein Gevatter nur mit Mühe entkommen. Eilends schlüpfte er hinein und fing sich sofort in der Schlinge.
Die Frau des Priesters[33] hörte das Rumoren und sprach: „Bei meinem Leben, wach auf! Wir haben den Fuchs gefangen, der uns so geschadet hat!"
Der fromme Gottesmann ergriff in aller Eile ein Gartenmesser und begab sich dorthin, wo Diebrecht in der Schlinge hing. Er glaubte, es sei Reinhart. Diebrecht reute der Botengang. Halb erstickt kreischte er auf, da schnitt der Priester beim Zuhauen in der Dunkelheit den Strick entzwei. Diebrecht war nur darauf bedacht, zu entkommen. So rannte er

        wider vz qvam er schire gerant.
        des pfaffen wip darinne
        erhub ein vnminne:
        zv dem oren slvc si in zehant,
1720   vil schire si ein schit vant,
        da mite zvblov si im den lip,
        vnde were Werenbvrc, sin kamerwip,
        so het er verlorn sin leben.
        si sprach: 'mir hat got gegeben
1725   Reinharten, den hat er mir benvmen.'
        'vrowe, iz ist mir vbel kvmen',
        sprach der geberte kapelan,
        'nv lazet mich ewer hvlde han!'
           Diprecht liez die mvse da,
1730   dannen hvb er sich sa.
        do lief er alle die nacht
        wider zv hove mit grozer macht.
        er vant den kvnic des morgens vrv,
        mit sinem stricke gie er da zv.
1735   er clagte vil harte
        dem kvnege von Reinharte,
        er sprach: 'kvnic, ich was in not,
        mir wolde Reinhart den tot
        vrvmen in ewer botschaft.
1740   do beschirmt mich die gotes kraft.
        herre, ich vnde ewer kapelan
        svln niht me nach Reinharte gan.'
        den kvnich mvte die klage,
        ovch tet im we sin siechtage.
1745   der zorn im harte nachen gienc.
        den eber er ze vragen gefienc,
        daz er im sagte mere,
        was sines rechtes drvmme were,
        daz sine boten her Brvn vnde Diprecht
1750   svst gehandelt waren an recht.
        erzvrnet was des ebers mvt,
        er sprach: 'ich verteile im ere vnd gvt
        vnde zv echte sinen lip
        vnde zv einer witwen sin wip
1755   vnde zv weisen die kint sin.'
        'des volge ich', sprach Ysengrin.

denn rasch hinaus und davon. Die Priestersfrau aber war erbost darüber: Sie ohrfeigte ihren Mann, ergriff ein Holzscheit und schlug ihn grün und blau. Wäre nicht seine Konkubine Werenburg zur Stelle gewesen, es hätte ihn das Leben gekostet.
Seine Frau schrie: „Gott hatte mir Reinhart ausgeliefert, und er hat ihn entkommen lassen!"
Der durchwalkte Gottesmann aber sprach: „Frau, es ist mir schlecht bekommen, seid doch wieder gut mit mir!"

Diebrecht ließ Mäuse Mäuse sein und machte sich davon. Die ganze Nacht hindurch lief er mit allen Kräften zum Hof zurück. Früh am Morgen traf er beim König ein und trat – den Strick noch um den Hals – vor ihn hin.
Vor dem König erhob er heftige Klage gegen Reinhart und sprach: „König, ich war in Nöten. Um Eurer Botschaft willen wollte mich Reinhart töten. Nur die Allmacht Gottes hat mich beschützt. O Herr, ich und Euer Hofkaplan werden nicht mehr zu Reinhart ziehen!"
Den König bedrückte diese Klage, zudem plagte ihn sein Kopfweh. Voller Zorn bat er den Eber, ihm zu sagen, wie man rechtens verfahren solle, nachdem seine Boten – die Herren Brun und Diebrecht – wider alles Recht derart behandelt worden waren.
Der Eber war ergrimmt und sprach: „Ich spreche ihm Ehre und Besitz ab; die Reichsacht[34] soll über ihn verhängt werden; Witwe sei seine Frau, Waisen seien seine Kinder!"
„Ich stimme zu", sprach Isengrin.

          der kvnic vragete alvmme
          di wisen vnde tvmmen,
          ob iz wolde volgen die diet.
1760   Crimel insvmete sich da niet,
          er sprach: 'kvnic edel vnde gut,
          ob er Brvn sinen hvt
          an mines neven schvlde hat verlorn,
          so machet er vppigen zorn;
1765   nv hat ovch her Diprecht,
          herre, vil lichte vnrecht.
          er ist Reinharte gehaz.
          dar vmme sol ovch niman daz
          erteilen, daz ist ein ende,
1770   daz ewer ere schende,
          vnde ewern hof geswachen,
          des man anderswa mag lachen,
          noch dvrch deheine mieten,
          wen man sal im noch eines gebieten,
1775   her vur, dem neven min.'
          'der bote'; sprach der kvnic, 'daz must du selbe sin,
          vnde gebiete dirs an din leben.
          ob got wil, dir sol geben
          din neve daz botenbrot.'
1780   in wart ze lachen allen not.
          Crimele des lvtzel angest nam,
          vil schire er in den walt qvam
          vnde svchte sinen kvllinc.
          nv vernemet seltzene dinc
1785   vnde vremde mere,
          der die glichesere
          v kvnde geit, wen si sint gewerlich.
          ( ) er ist geheizen Heinrich,
          der hat die bvch zesamene geleit
1790   von Isengrines arbeit.
          swer wil, daz iz gelogen si,
          den lat er siner gabe vri.
          nv svl wir her wider van,
          da wir die rede han verlan.
1795   zv Reinhartes bvrk do
          vur Krimel, des wart vil vro
          der wirt, als er in gesach.

Der König fragte nun ringsum sowohl Kluge als auch Törichte, ob sie diesem Urteil zustimmten.
Da verlor Crimel keine Zeit; er sprach: „Edler und vortrefflicher König! Wenn Herr Brun seinen Schopf ohne Verschulden meines Gevatters verloren hat, so zürnt er ganz unnötig; möglicherweise hat auch Herr Diebrecht unrecht. Er haßt Reinhart. Darum sei ein für allemal gesagt: Niemand soll ein Urteil fällen, das Eure Ehre schändet, niemand Eures Hofes Ansehen durch Intrigen derart mindern, daß man anderorts über ihn spottet. Man muß meinen Gevatter noch einmal vorladen."
„Dann sollst du selbst der Bote sein", sprach der König. „Dies gebiete ich dir bei deinem Leben. Wenn es Gott gefällt, wird dein Gevatter auch dir den Botenlohn verabreichen!"
Darüber lachten alle Tiere. Crimel aber war wenig bange. Eilends begab er sich in den Wald, um seinen Verwandten zu suchen.
Vernehmt nun die merkwürdige Kunde über ungewöhnliche Dinge, die euch Heinrich, der Gleisner[35], bringt. Sie sind wohl verbürgt. Er hat die Erzählungen von Isengrins Not zusammengestellt. Wer ihn der Lüge zeihen will, der braucht ihm keinen Lohn zu geben. Nun laßt uns wieder dort anknüpfen, wo wir die Erzählung unterbrochen haben.
Crimel begab sich zu Reinharts Burg. Als der Hausherr ihn sah, freute er sich sehr und sprach lachend zu ihm: „Will-

		lachende er zv im sprach:
		'willekvmē, neve! dv solt mir sagen,
1800	was si zv hove vber mich clagen.'
		'dir drewet vreisliche',
		sprach er, 'der kvnic riche.
		er horet von dir groze clage:
		swi dv hevte an diesem tage
1805	nicht vur kvmest, so rvme ditz lant,
		oder dv hast den tot an der hant!
		kvmest dv aber vur gerichte
		zv Isengrines gesichte,
		dich verteilet alle die diet.'
1810	er sprach: 'dar vmme laz ich iz niht.
		iz enwirt mir nimmer me verwizzen.'
		si sazen nider vnde enbizzen.

		Do der tisch erhaben wart,
		zu hant hvb sich Reinhart
1815	vil wunderliche drate
		in sine kemenate
		vnde nam sin houegewant,
		daz aller beste, daz er dar inne vant,
		eine wallekappen linin,
1820	vnde slof san dar in.
		her nam eines arztes sack –
		nieman evch gezelen mack
		Reinhartes kvndikeit –,
		er gienc, als der bvchsen treit,
1825	beide nelikin vnde cynemin,
		als er solde ein arzet sin.
		er trvg mange wurtz vnerkant.
		einen stab nam er an die hant,
		ze hove hvb er sich balde
1830	mit sinem neven vz dem walde.
		ein crvze macht er vur sich,
		er sprach: 'got beware nv mich
		vor bosen lvgeneren,
		daz si mich niht besweren.'
1835	Do Reinhart ze hove qvam,
		manic tier vreisam
		sprach albesvndern:
		'nv mvget ir sehen wunder,

kommen, Gevatter! Du mußt mir erzählen, was für Klagen sie bei Hofe über mich erheben!"
Dieser antwortete: „Der mächtige König droht mit schrecklicher Strafe. Zu große Klagen mußte er über dich hören. Wenn du nicht sogleich vor sein Gericht kommen willst, so solltest du lieber aus dem Reiche fliehen, sonst trifft dich der Tod. Kommst du freilich jetzt vor Gericht und trittst du Isengrin gegenüber, so wird dich jedermann schuldig sprechen."
Reinhart sprach: „Das ficht mich wenig an. Man wird mich nicht überführen können."

Dann setzten sie sich nieder, um zu essen. Nach der Mahlzeit begab sich Reinhart erstaunlich rasch in sein Schlafgemach, um sein Hofgewand anzulegen, und zwar das beste, das er nur finden konnte. Es war ein schlichter Reisemantel, den warf er über. Wahrlich, niemand vermag seinen Listenreichtum vollauf zu beschreiben: Er ergriff ein Arztbündel, als sei er ein Heilkundiger, der Medikamente – Nelken und Zimt[36] – bei sich trägt. Viele geheimnisvolle Kräuter nahm er mit, ergriff einen Wanderstab und verließ eilends mit seinem Gevatter den Wald, um zum Hofe zu gelangen. Er bekreuzigte sich und sprach: „Gott möge mich vor gemeinen Lügnern bewahren, so daß sie mich nicht in Not zu bringen vermögen!"

Als Reinhart bei Hofe erschien, rief so manches grimmige Tier: „Das ist doch unfaßbar! Da kommt doch tatsächlich

   wa Reinhart her gat,
1840 der manic tier gehonet hat.
er ist vorn Hersantes amis:
der si beide hienge vf ein ris,
daz solde niman clagen niht;
was solde ir der bosewiht?'
1845 die erzvrnten knechte
schreiten uf in von rechte.
do clagte sere er Isengrin,
daz im were daz wip sin
gehonet. do sprach der kapelan:
1850 'er hat ovch mir leide getan.'
Dipreht sprach: 'herre kvnic, sehet, wi er stat,
der evch vil lasters erboten hat!
nv lazet in evch niht entwenken,
ir svlt in heizen hengen,
1855 wend er ist zware
ein verrataere.'
Scantecler clagte sin kint,
er sprach: 'kvnic, wir wizzen wol, daz ir sint
vnser rechte richtere,
1860 dar vmb ist vil swere,
daz ir disen morder lazet stan.
man solde in nv erhangen han.'
doch sprach der rabe Dyzelin:
'herre, henget den neven min.'
1865 Reinhartes liste waren gros,
er sprach: 'kvnic, was sol dirre doz?
ich bin in mangen hof kvmen,
daz ich selden han vernvmen
solche vngezogenheit.
1870 des war, iz ist mir vur evh leit.'
der kvnic sprach: 'iz ist also.'
vberbrechten verbot man do.
Reinhart sprach: 'evch enpevtet den dienst sin,
reicher kvnich, meister Pendin,
1875 ein artzt von Salerne,
der sehe ewer ere gerne,
vnde dar zv alle, di da sint,
beide di alden vnt di kint.
vnde geschiht evch an dem libe icht,

Reinhart, der so viele Tiere in Schmach und Schande gebracht hat. Er ist der Geliebte von Frau Hersante. Wenn man sie beide an einem Ast aufhinge, so brauchte dies niemand zu beklagen. Was soll uns dieser Bösewicht?"
Die erzürnten Mannen erhoben ihr Geschrei mit vollem Recht. Herr Isengrin beklagte sich bitter, seine Frau sei entehrt worden. Der Hofkaplan sprach: „Auch mir hat er Leid zugefügt!"
Diebrecht sagte: „Herr König, seht nur, wie er noch dasteht, obwohl er Euch Schmach genug zugefügt hat. Laßt ihn ja nicht entwischen und gebt Befehl, ihn aufzuhängen, denn er ist wahr und wahrhaftig ein Hochverräter!"
Schantecler beklagte seine Tochter und sprach: „O König, wir wissen alle, daß Ihr unser gerechter Richter seid. Um so schwerer ist zu begreifen, daß Ihr diesen Mörder unangetastet laßt. Er sollte schon längst gehenkt sein!"
Auch der Rabe Dizelin sprach: „Herr, hängt meinen Gevatter auf!"

Reinharts Listenreichtum war freilich groß. So sprach er: „König, was soll denn dies Geschrei? Ich bin schon an manchen Hof gekommen, aber noch nie ist mir solch unhöfisches Benehmen begegnet. Wahrhaftig, ich muß Euch beklagen."
Der König sagte darauf: „Es ist wirklich so."
Nachdem man das laute Lärmen untersagt hatte, sprach Reinhart: „Mächtiger König, ich entbiete Euch Grüße von Meister Bendin, Arzt zu Salerno[37]. Er selbst und alle Bürger, jung und alt, schätzen Euch hoch. Sie vermöchten es nicht zu verwinden, sollte Eure Gesundheit beeinträchtigt

1880 daz enmvgen si vberwinden niht.
herre, ich was zv Salerne
dar vmme, daz ich gerne
evh hvlfe von diesen sichtagen.
ich weiz wol, daz allez ewer clagen
1885 in dem hovbet ist, swaz iz mvge sin.
evch enpevtet meister Bendin,
daz ir evh niht svlt vergezzen,
irn svlt tegliche ezzen
dirre lactewerien, di er evh hat gesant.'
1890 'daz leist ich', sprach der kvnic ze hant
vnde liez slifen sinen zorn.
Reinhart sprach: 'vil manic dorn
hat mich in den fvz gestochen
in disen siben wochen,
1895 daz tvt mir, kvnic, harte we.
evch enpevtet der arzet me,
ob ir einen alden wolf mvget vinden,
den svlt ir heizen schinden,
ovch mvzet ir eines bern hvt han.'
1900 der kvnic sprach: 'daz si der kapelan.'
'da mite genezet ir, herre gvt.
vz einer katzen einen hvt
mvzet ir han ze aller not,
oder iz were, weizgot, ewer tot.'
1905 Der kvnic hiez do hervur gan
Ysingrinen vnde sinen kapelan.
er sprach: 'ir svlt mir ewere hevte geben,
daz beschvlde ich wider evh, di wile ich leben,
vmb ewer geslehte ze aller stvnt.
1910 meister Reinhart hat mir getan wol kunt
den sichtagen, der mir ze aller zit
in minem hovbete leider lit.'
'genade, herre', sprach der kapelan,
'was wunders wolt ir anegan?
1915 den ir hat vur einen arzat,
vil mangern er getotet hat,
weizgot, denne geheilet,
vnde ist vor evh verteilet.'
do sprach zu im her Ysengrin:
1920 'sol mir alsvs gerichtet sin

sein. O Herr, ich war in Salerno, weil ich Euch gern von Eurer Krankheit befreien wollte. Ich weiß wohl, daß Euer Haupt der Sitz jenes Schmerzes ist, dessen Ursache niemand kennt. Meister Bendin läßt Euch sagen, Ihr sollt täglich diesen Saft zu Euch nehmen, den er Euch sendet."
„Das will ich tun", sprach der König sogleich, und sein Zorn verrauchte.
Reinhart aber sagte: „Während der sieben Wochen meiner Fahrt habe ich mir so manchen Dorn in den Fuß getreten. Das bereitet mir große Pein, o König. Der Arzt läßt Euch ferner sagen, Ihr sollt einen alten Wolf (wenn er zur Hand ist) abziehen lassen und Euch auch die Haut eines Bären verschaffen."
Der König sprach: „Die gibt der Hofkaplan her!"
„Das bringt Euch Genesung, lieber Herr. Gegen Eure Krankheit braucht Ihr aber noch eine Mütze aus Katzenfell, sonst trifft Euch, bei Gott, der Tod."

Der König ließ Isengrin und seinen Hofkaplan vortreten und sprach: „Ihr sollt mir eure Felle geben. Dafür will ich mich euch und euren Verwandten zeit meines Lebens immer dankbar erweisen. Meister Reinhart hat meine Krankheit erkannt, die mich leider stets und ständig in meinem Haupte peinigt."
„Habt Erbarmen, Herr", sprach der Hofkaplan. „Bedenkt, was Ihr tun wollt! Den Ihr für einen Arzt haltet, der hat – weiß Gott – weit mehr Tiere umgebracht denn geheilt. Auch hat man ihm doch bereits vor Euch das Urteil gesprochen."
Und Herr Isengrin sprach zu ihm: „Wenn die Entehrung meiner Frau hier so gesühnt werden soll, so ist dies nur eine neue Drangsal." Er wies seinen Schwanzstummel vor: „Seht,

          vmme min wip, daz ist ein not.'
          sinen zagelstrvmph er herfvr bot:
          'sehet, wi mich ewer arzat
          hinderwert gevnert hat.
1925 ouch mag evch wol ergan so.'
          vil gerne weren dannen do
          her Brvn vnde Ysingrin,
          des enmocht doch niht sin.
          sinen konden niht entwichen:
1930 der kvnic hiez si begrifen
          vil mangen sinen starken kneht.
          man schinte si, ovch wart Dipreht
          beschindet also harte.
          daz qvam von Reinharte.
1935 der sprach: 'ditz ist wol getan.
          ein versoten hvn svl wir han
          mit gvtem specke eberin.'
          der kvnic sprach: 'daz sol vor Pinte sin.'
          der kvnic hiez hervur stan
1940 Scanteclern, er sprach: 'ich mvz han
          zv einer arztie din wip.'
          'neina, herre, si ist mir als min lip.
          ezzet mich vnde lazet si genesen!'
          Reinhart sprach: 'des mag niht wesen.'
1945 der kvnic hiez Pinten vahen,
          Scantecler begonde dannen gahen.
          do dise rede ergienc also,
          vz sime dihe sneit man do
          dem eber ein stvcke harte groz.
1950 der arztie in bedroz.
          'einen hirzinen rimen svl wir han.'
          der kvnic hiez her fvr sich stan
          den hirz vnde sprach: 'Randolt,
          einen gvrtel dv mir geben solt,
1955 daz beschvlde ich immer wider dich.'
          'herre, des erlazet mich',
          sprach der hirz, 'dvrch got!
          iz mac wol sin der werlde spot,
          daz ir dem volget hie,
1960 der nie trewe begie.
          der tevfel in geleret hat,

wie mich Euer Arzt hinten verschandelt hat. Auch Euch kann es noch so ergehen."

Brun und Isengrin wären gern weit fort gewesen, doch es war zu spät. Sie konnten nicht mehr fliehen. Der König ließ sie von einer großen Anzahl seiner kräftigen Reisigen ergreifen, und man zog ihnen das Fell ab. Diebrecht traf das gleiche Los. Das alles hatte Reinhart bewirkt.

Nun sprach er: „So ist es recht getan. Nun brauchen wir nur noch ein gekochtes Huhn und fetten Eberspeck."

Der König sprach: „Dies sei Frau Pinte!" Er ließ Schantecler vortreten und sprach: „Ich brauche deine Frau als Arznei!"

„Nein, o Herr, denn ich liebe sie mehr als mein Leben. Eßt mich und laßt sie am Leben!"

Reinhart aber sprach: „Das geht nicht!"

Der König ließ Pinte fangen, während Schantecler die Flucht ergriff. Inzwischen schnitt man dem Eber ein tüchtiges Stück Speck aus seiner Keule. Diese Heilkur geriet ihm zum Unheil.

„Wir brauchen noch einen hirschledernen Riemen!"

Der König ließ den Hirsch vortreten und sprach: „Randolt, du mußt mir einen Riemen geben; ich will es dir immer danken."

„O Herr, erlaßt es mir um Gottes willen", sprach der Hirsch. „Ihr werdet zum Gespött aller Tiere, wenn Ihr je-

            daz er sol sin ein arzat.'
        Der kvnic sprach: 'Randolt,
        ich was dir ie vzer maze holt.
1965   sterbe ich nv von den schvlden din,
        daz mocht dir immer leit sin.'
        er getorste dem kvnige niht verzihen,
        ern mvste im einen rimen lihen
        von der nasen vntz an den zagel.
1970   Reinhart was ir aller hagel.
        Reinhart sprach, der wunder kan:
        'kvnic, werestv ein armman,
        sonen konde ich niht gehelfen dir.
        von gotes genaden so habe wir,
1975   da mite dv wol macht genesen,
        wilt dv mir nv gehorick wesen.'
        'ia', sprach der kvnic, 'meister min,
        swi dv mich heizest, also wil ich sin.'
        Reinhart konde mangen don:
1980   'von dir wil ( ) kein lon
        min meister Bendin,
        wen eines bibers hvt.' 'daz sal sin',
        sprach der kvnic riche,
        'die sende ich ime werliche.'
1985   er hiez den biber vur sich stan,
        do mvste er die hvt lan.
        manic tier daz gesach,
        iglichez zv dem andern sprach:
        'waz wol wir hie gewinnen?
1990   wir svln vns heben hinnen,
        e wir verlisen die vele.'
        do hvb sich manic tier snelle,
        der hof zvsleif sa.
        Crimel bleib da
1995   vnde die olbente von Tvschelan,
        die hiez der arzat da bestan,
        alsam tet er den elfant,
        der daz gvte vrteil vant.
            Der kvnic harte riche
2000   der bleib da heimliche.
        si vuren alle dannen swinde,
        da bleib sin ingesinde.

nem gehorcht, der es noch niemals ehrlich meinte. Der Teufel muß ihm geraten haben, sich für einen Arzt auszugeben."

Der König sprach: „Randolt, ich war stets äußerst gnädig zu dir. Wenn ich nun durch deine Schuld sterbe, wird es dir immer leid sein!"

Der Hirsch wagte es nicht, dem König das Verlangen abzuschlagen, und er mußte einen Riemen hergeben, der von der Nase bis zum Schwanz reichte. Reinhart war ihr aller Verderben.

Der Listenreiche sprach: „König, wärst du ein Bettler, hätte ich dir nicht helfen können. Mit Gottes Hilfe haben wir aber nun alles beisammen, was wir für deine Heilung brauchen. Willst du nun meinen Anordnungen gehorchen?"

„Ja, Meister", sprach der König, „ich will alles tun, was du verlangst."

Reinhart aber kannte sich in vielen Ränken aus: „Meister Bendin will keinen Lohn von dir; nur eine Biberpelzmütze möchte er."

„Das soll geschehen", sprach der mächtige König. „Die will ich ihm gewißlich zusenden."

Er hieß den Biber vortreten, der seine Haut ebenfalls verlor. Als die Tiere dies sahen, sprachen sie zueinander: „Was können wir hier noch erwarten? Wir wollen uns eilends davonmachen, ehe auch wir unsere Felle verlieren." Da machten sich viele Tiere schleunigst aus dem Staub, so daß der Hoftag ein jähes Ende fand. Nur Crimel blieb da und das Kamel von Tuschalan, das der Arzt dableiben hieß. Gleiches widerfuhr dem Elefanten, der ebenfalls einen günstigen Urteilsspruch gefällt hatte.

Der mächtige König blieb also in vertrautem Kreis. Nur sein Hofgesinde war dageblieben, während die übrigen

　　　　Reinhart den kvnic bat,
　　　　daz er im hieze tragen bat.
2005　zehant der kvnic daz gebot.
　　　　dem lewarte was harte not.
　　　　iz ist war, daz ich evh sagen:
　　　　daz bat wart schire getragen.
　　　　iz wart gewermet zu rechte,
2010　daz vrvmeten gvte knechte,
　　　　als iz meister Reinhart gebot.
　　　　in were leit irs herren tot.
　　　　in daz bat leit er wurze gnvc,
　　　　do sazte er im vf den katzhvt,
2015　deme kvnege mit witzen,
　　　　in daz bat hiez er in do sitzen.
　　　　meister Reinhart, der arzat,
　　　　greif ein adern, di zv dem herzen gat,
　　　　er sprach: 'kvnic, ir sit genesen
2020　vnde mvget nv wol vro wesen:
　　　　evch was vil nahen der tot,
　　　　nv hilfet ev min kvnst vser not.
　　　　get vz!' sprach der arzat,
　　　　'ir habt gebat, daz iz wol stat.
2025　langez bat tvt den siechen weich,
　　　　ir sit ein lvtzel worden bleich.'
　　　　　Der kvnic sprach, wen er siech was,
　　　　als ein man, der gerne genas:
　　　　'din gebot ich gerne ervullen sol.'
2030　do hat er im gebettet wol
　　　　vf sines kapelanes hvt,
　　　　der im da vor was vil trvt.
　　　　den kvnic dackt er vil warme,
　　　　daz yz got erbarme,
2035　mit einer hvte, di trvg Isengrin,
　　　　die verlos er an die schvlde sin.
　　　　Reinhart sich kvndikeite vleiz:
　　　　vmme daz hovbet macht er dem kvnige heiz.
　　　　der ameyze des geware wart,
2040　vz dem hovbete tet er eine vart.
　　　　do kroch er rechte, deswar,
　　　　vur sich in daz katzenhar.
　　　　der meister do den hvt nam,

Tiere eilends verschwanden. Reinhart bat nun den König, sich ein Bad bereiten zu lassen. Sogleich erteilte der König den Befehl, den der Leopard mit großer Beflissenheit ausführte. Ich sage euch die Wahrheit: Das Bad wurde rasch bereitet, das Wasser nach Vorschrift angewärmt. Dies alles richteten wackere Höflinge nach dem Gebot von Meister Reinhart zu, hätte sie doch der Tod ihres Herrn sehr geschmerzt. Reinhart streute in das Badewasser viele Kräuter. Wohlüberlegt setzte er dem König die Katzenfellmütze auf und sagte dann, er möge sich in das Bad setzen. Meister Reinhart, der „Arzt", fühlte den Puls und sprach: „König, Ihr seid bald genesen und könnt Euch freuen. Der Tod war Euch schon ganz nahe, doch meine ärztliche Kunst wird die Gefahr bannen. Steigt nun heraus", sagte der „Arzt", „das Baden hat Euch wohlgetan. Zu langes Baden aber schwächt den Kranken; Ihr seid schon ein wenig blaß geworden."

Der kranke König sprach wie ein jeder, der gern wieder gesund wäre: „Deiner Anordnung will ich gern Folge leisten."
Reinhart hatte ihm inzwischen auf dem Fell seines Hofkaplans (der vordem sein Vertrauter gewesen) ein Lager bereitet. Dann deckte er (daß es Gott erbarmen möge!) den König warm zu mit dem Fell von Isengrin, das dieser ohne Schuld verloren hatte. Reinhart offenbarte nun seine Schlauheit: Er brachte auf diese Weise das Haupt des Königs in Hitze. Als der Ameisenherrscher dies merkte, schlüpfte er aus dem Haupt, kroch aber dabei geradenwegs in das Katzenfell. Der Meister nahm nun die Mütze, trug sie ins helle

                mit im er an di svnnen qvam,
2045 die liez er schinen dar in.
     daz wart im ein groz gewin:
     den ameyzen er gesach,
     zorniclichen er zv im sprach:
     'ameyz, dv bist tot!
2050 dv hast bracht zv grozer not
     minen herren; din leben
     mvst dv dar vmme geben.'
     der ameyze zv Reinharte sprach:
     'iz tet mir not, wen er mir zvbrach
2055 eine gvte bvrck, der kvnic her.
     da geschah mir an michel ser,
     daz ich nimmer mag verclagen:
     miner mage lag da vil erslagen,
     dar vmme han ich ditz getan.
2060 wilt dv mich genesen lan,
     ich laze dich in diseme walde min
     vber tvsent bvrge gewaltic sin.'
     Reinhart da gvte svne vant,
     den gevangen liez er zehant.
2065 des wart der ameyze harte vro,
     zv walde hvb er sich do.
     het er die miete niht gegeben,
     so mvst er verlorn han daz leben.
     svst geschiht ovh alle tag:
2070 swer die miete gegeben mag,
     daz er da mite verendet
     me, danne der sich wendet
     zv ervullende herren gebot
     mit dinest: daz erbarme got!
2075 Reinhart do dar widere gie,
     do er sinen siechen lie.
        Dem kvnige greif er an die stirnen.
     er sprach: 'wie tvt ev nv daz hirne?'
     'wol, meister, daz evh got lonen sol!
2080 ir hat mir gearztiet wol.'
     er sprach: 'wir svln iz ovch noch baz tvn.
     weiz man noch, ob daz hvn
     mit petersilien versoten si?'
     ein trvchsese stvnt da bi,

Sonnenlicht und ließ es hineinscheinen. Er fand sich reich belohnt, denn er erblickte den Ameisenherrscher. Zornig fuhr er ihn an: „Ameise, das ist dein Tod. Du hast meinen Herrn in großes Elend gebracht. Dafür mußt du nun mit deinem Leben bezahlen."
Der Ameisenherrscher aber sprach zu Reinhart: „Ich war dazu gezwungen, denn der edle König zerstörte mir eine feste Stadt. Damit fügte er mir so großes Herzeleid zu, daß ich es nimmer verwinden kann. Viele meiner Blutsverwandten hat er erschlagen. Darum habe ich dies getan. Wenn du mich aber am Leben läßt, sollst du in meinem Walde Herr über tausend reiche Städte werden."
Reinhart erhielt also eine sehr vorteilhafte Buße. Er ließ den Gefangenen sogleich frei. Der Ameisenherrscher war von Herzen froh und begab sich zum Walde hin. Hätte er diesen Preis nicht gezahlt, wäre es ihm an das Leben gegangen. So ist es nun einmal in der Welt: Wer den rechten Preis zahlen kann, erreicht damit mehr als einer, der in seinem Dienst getreulich seines Herren Gebot zu erfüllen trachtet. Gott möge sich darob erbarmen! Reinhart aber ging nun wieder zu dem Kranken zurück.

Er legte dem König die Hand auf die Stirn und sprach: „Wie geht es nun Eurem Haupt?"
„Vortrefflich, Meister, Gott möge Euch dafür belohnen. Ihr habt mich trefflich auskuriert."
Reinhart sprach: „Wir wollen noch ein übriges tun. Ist das Huhn mit Petersilie gekocht?"

2085 der sprach: 'ia, daz wil ich ev sagen.'
'nv heizet mir her vur tragen!'
daz wart vil schire getan.
do hiez er inbizen gan,
Reinhart, den herren sin
2090 vnde hiez in sovfen daz sodelin.
der arzat des niht vergaz,
vern Pinten er da selbe az;
Reinhart, der vngetrewe slec,
Crimele gab er do den ebers spec.
2095 den kvnic hiez er vf stan
vnde eine wile sich ergan.
Reinhart, der lvtzel trewen hat,
den kvnic do genote bat
vmme sinen vrevnt, den helfant,
2100 daz er im lihe ein lant.
    Der kvnic sprach: 'daz si getan:
Beheim sol er han.'
des wart der helfant vil vro.
der kvnic hiez in do
2105 enpfahen, als iz was recht.
do hvb sich der gvte knecht.
er qvam dar als ein armman,
vursten amecht er da gewan.
der helfant reit in sin lant,
2110 dar in der kvnic hatte gesant,
vnde kvndete vremde mere,
daz er herre were.
vil harte er zvblowen wart,
ovch gerowen di widervart.
2115 mochten si in getan han wunt,
ern wurdes nimmer mer gesvnt.
do Reinhart den helfant
gesatzet hatte vber sin lant,
dannoch endovcht in der schalkeit gnvc niht:
2120 den kvnic er genote biten geriet
vmme die olbente, sine vrteilerin,
er sprach: 'si sol geniezen min;
lat si zem Erstein ebtessinne wesen,
so sit ir an der sele genesen.
2125 da ist vil geistlich gebet.'

Ein dabeistehender Truchseß[38] sagte: „Es ist alles bereit, kann ich versichern."
„Dann laßt auftragen!"
Dies geschah unverweilt. Reinhart lud nun seinen Herrn zum Essen ein. Er ließ ihn die Hühnerbrühe saufen, während der „Arzt" (auf sich bedacht) selbst Frau Pinte aufaß. Reinhart, der treulose Freßsack, gab Crimel den Eberspeck. Dann ließ er den König aufstehen und sich ein wenig erholen. Der treulose Reinhart bat nun den König angelegentlich, seinem Freund, dem Elefanten, ein Land zu Lehen zu geben.

Der König sprach: „Das soll geschehen. Er soll Böhmen haben."[39]
Darüber war der Elefant überglücklich. Der König belehnte ihn nun in aller Form, nach Rechtsvorschrift. Dann machte sich der wackere Held auf den Weg. Als Bettler kam er bei Hofe an, als Landesfürst verließ er ihn. Der Elefant begab sich also in sein Land, in das ihn der König geschickt hatte. Dort verbreitete er die unerhörte Kunde, daß er nun der Landesherr sei. Da gerbte man ihm tüchtig das Fell, so daß er nur unter großen Schwierigkeiten entkam. Hätte man ihm Wunden schlagen können, so wäre es um sein Leben geschehen gewesen.
Nachdem Reinhart den Elefanten zum Landesherrn gemacht hatte, sann er auf neue Bosheiten. Er machte sich beim König angelegentlich zum Fürsprech des Kamels, das vor Gericht für ihn gesprochen hatte.
Er sagte: „Es soll dafür Dank ernten. Setzt es im Kloster Erstein als Äbtissin ein, so wird auch Eure Seele gesunden. Dort hört man ja viele fromme Gebete."

   der kvnic harte gerne iz tet,
   er lech iz ir mit der zeswen hant,
   groze gnade si do vant.
   si wante sin gewisliche
2130 ein ebtissinne riche.
   do nam si vrlovb da,
   si hvb sich dannen sa,
   geilliche si vber den hof spranc,
   si weste Reinharte danc
2135 der vil grozen richeit.
   des qvam si sint in arbeit.
   alsi in daz kloster qvam,
   swelech ir di mere vernam,
   der qvam ilende dar.
2140 si namen vil genote war
   vnde vragten, wer sie were.
   si sprach: 'ich sol ev mere
   kvndigen gewerliche:
   mir hat der kvnic riche
2145 disen gewalt verlihen, daz er si min:
   ich sol hie ebtissin sin.'
   die nvnnen hatten daz ver zorn,
   des was di olbente nach verlorn;
   da schreiten die closterwip,
2150 des wart der ebtissin lip
   zvolven vntz an den tot,
   mit griffeln taten si ir groze not,
   daz wart an ir hvte schin.
   di nvnnen iagten si in den rin.
2155 alsvs lonet ir Reinhart,
   daz si sin vorspreche wart.
    Iz ist ovch noch also getan:
   swer hilfet einem vngetrewen man,
   daz er sine not vberwindet,
2160 daz er doch an im vindet
   valschs, des han wir gnvc gesehen
   vnde mvz ovch dicke alsam geschen.
   alsvst hat bewart
   sine vrteilere Reinhart.
2165 der arzet was mit valsche da,
   den kvnic verriet er sa.

Der König tat dies herzlich gern und belehnte das Kamel.[40] Als es bei Hofe so große Huld fand, sah es sich bereits mit Gewißheit als einflußreiche Äbtissin. Es verabschiedete sich sogleich, um von dannen zu ziehen. Vergnügt sprang es über den Hof und dankte Reinhart für die fette Pfründe. Die sollte ihm aber zum Unheil gereichen. Als es im Kloster eintraf, kamen eilends alle Nonnen heran, denen die Nachricht von seiner Ankunft zu Ohren gekommen war. Sie betrachteten es gründlich und fragten, wer es denn sei.
Es sprach: „Ich will euch fürwahr die Nachricht überbringen, daß mich der mächtige König mit dem Amt der Äbtissin begabt hat."
Da gerieten die Nonnen in solche Wut, daß das Kamel fast ums Leben gekommen wäre. Die Klosterfrauen schrien durcheinander und prügelten die „Äbtissin" fast zu Tode. Mit Schreibgriffeln bereiteten sie ihr große Pein, wie später an ihrem Fell zu sehen war. Die Nonnen jagten sie bis in den Rhein. So lohnte Reinhart dem Kamel, daß es bei Hofe sein Anwalt gewesen.

So geht es nun einmal zu auf dieser Welt: Wer einem Schurken aus der Klemme hilft, der findet – wie man oft genug sieht – üblen Lohn. Und das geschehe immer so! Entsprechend handelte Reinhart an seinen Anwälten.
Der falsche Arzt verriet nun sogar den König, verstand er

       er konde mangen vbelen wanc.
       er sprach: 'herre, ich wil ev geben einen tranc,
       so sit ir ze hant genesen.'
2170 der kvnic sprach: 'daz sol wesen.'
       do brov er des kvniges tot.
       Reinhart was vbele vnde rot,
       daz tet er da vil wol schin:
       er vergab dem herren sin.
2175 daz sol niman clagen harte;
       waz want er han an Reinharte?
       iz ist noh schade, wizze krist,
       daz manic loser werder ist
       ze hove, danne si ein man,
2180 der nie valsches began.
       swelch herre des volget ane not
       vnde teten sie deme den tot,
       daz weren gvte mere.
       boese lvgenere
2185 di dringen leider allez vur,
       die getrewen blibent vor der tvr.
         Do dem kvnige der tranc wart,
       dannen hvb sich Reinhart
       vnde iach, er wolde nach wurzen gan.
2190 ern hatte da niht anders getan,
       wen daz er ovch anderswa begienc.
       Crimelen er bi der hant gevienc,
       der was sin trvt kvllinc.
       er sprach: 'ich wil dir sagen ein dinc:
2195 der kvnic mag niht genesen.
       wir svllen hi niht lenger wesen.'
       do hvben si sich dannen balde
       mit ein ander zu dem walde.
       Reinhart gesach ane hvt da gan
2200 hern Brvn, den kapelan.
         Nv vernemet, wi er sprach,
       do er in erst ane sach:
       'saget, edeler schribere,
       was di hvt ze swere,
2205 daz ich si vch niht sehe tragen?
       ich wil evch werliche sagen:
       mich dvnket an den sinnen min,

sich doch auf so manche üble Hinterlist. Er sprach: „Herr, ich will Euch einen Trank geben, der Euch sogleich völlig wiederherstellen wird."
Der König sprach: „Das soll geschehen."
Da braute er dem König einen Gifttrank. Daß Reinhart schurkisch und falsch war, offenbarte er nun bei Hofe ganz und gar: Er vergiftete seinen König. Doch braucht darob niemand allzu traurig zu sein. Was versprach er sich denn auch von Reinhart?
Noch heute ist es – weiß Gott – das gleiche Elend, daß bei Hofe mancher Schurke mehr gilt als ein aufrechter Mann. Handelt ein Fürst ohne Not nach diesem Rezept und findet er dabei den Tod, so soll man dies für eine angenehme Kunde ansehen. Üble Betrüger machen sich leider überall breit, während die Getreuen ausgesperrt werden.

Als der König den Trank genommen hatte, machte sich Reinhart davon unter dem Vorwand, er wolle Kräuter suchen. (Er hatte bei Hofe nur so gehandelt, wie er stets zu handeln pflegte.) Crimel, seinen vertrauten Blutsverwandten, nahm er bei der Hand und sprach: „Ich will dir folgendes sagen: Der König wird nicht mehr genesen. Wir dürfen nicht länger verweilen."

Beide begaben sich eilends in den Wald. Als Reinhart Herrn Brun, den Hofkaplan, abgeledert einherschreiten sah, sprach er: „Sagt an, edler Sekretarius, war Euch vielleicht der Pelz zu schwer, daß Ihr ihn nicht mehr tragt? Ich will Euch wahrlich meine Meinung sagen: Ich denke mir, wenn

svlt ir zv winter imannes vorspreche sin,
der mvz ev einen bellitz lihen,
2210 ern mag iz ev niht verzihen,
wan des dvrfet ir zv vrvmen.
owe wer hat evh evwern hvt genvmen?'
her Brvn vor zorne niht ensprach,
vngerne er Reinharten sach,
2215 sin widermvt was grozlich,
mit grimme grein er vmb sich.
Reinhart liez hern Brvnen da,
zv siner bvrck hvb er sich sa.
  Dem kvnige harte we wart,
2220 er sprach: 'wa ist meister Reinhart?
heizet in balde her gan,
mich wil ich enweiz was vbeles bestan.
iz ist mir zv dem herzen geslagen;
er kan ez dannen wol geiagen
2225 mit gvten wurzen, di er hat.
er ist ein erwelter arzat.'
den meister svchte man do,
des wart der kvnic vil vnvro,
man sagt im leide mere,
2230 daz er hin weck were.
  Der kvnic weinende sprach:
'daz ich Reinharten ie gesach,
des han ich verlorn daz min leben.
owe er hat mir gift gegeben
2235 ane schulde: ich hat ime niht getan.
minen edelen kapelan
hiez ich schinden dvrch sinen rat.
swer sich an den vngetrewen lat,
dem wirt iz leit, des mvz ich iehen.
2240 alsam ist ovch nv mir geschehen.'
er kerte sich zv der wende,
do nam der kvnic sin ende.
sin hovbet im en drev spielt,
in nevne sich sin zvnge vielt.
2245 si weinten alle dvrch not
vmbe des edelen kvniges tot,
si dreweten alle harte
dem gvten Reinharte.

Ihr zur Winterszeit Anwalt sein wollt, so muß Euch Euer Klient einen Pelz leihen. Er kann ihn Euch nicht versagen, denn Ihr braucht ihn überaus nötig. O wehe, wer hat Euch Euren Schopf gestohlen?"
Herr Brun sprach kein Wort vor lauter Zorn. Der Anblick Reinharts war ihm widerwärtig. Groß war sein Verdruß. Grimmig brummte er vor sich hin. Reinhart aber ließ Herrn Brun stehen und begab sich zu seiner Burg.

Den König quälte indes heftiger Schmerz. Er sprach: „Wo ist Meister Reinhart? Schickt ihn rasch her zu mir, denn ein ungekannter Schmerz hat mich befallen, der sich schon zum Herzen hinzieht. Er wird ihn mit seinen wirksamen Heilkräutern schon vertreiben können, ist er doch ein auserwählter Arzt."

Man suchte den Meister und brachte die traurige Kunde, daß er verschwunden sei; darüber war der König sehr verzweifelt. Weinend sprach er: „Daß ich den Fuchs je gesehen habe, dafür muß ich nun mit dem Leben büßen. O weh, er hat mir ohne jeden Grund Gift gegeben. Nichts habe ich an ihm verschuldet. Dagegen ließ ich meinen edlen Hofkaplan auf seinen Rat hin schinden. Wer dem Treulosen vertraut, der muß es – wie ich jetzt erkenne – büßen. Das habe auch ich erfahren müssen."
Darauf drehte sich der König zur Wand und verendete. Sein Haupt barst in drei Teile, die Zunge zerfiel in neun Streifen. Alle beweinten gebührend den Tod des edlen Königs, alle verfluchten grimmig den „hilfreichen" Reinhart.[41]

2248a ditz si gelogen oder war,
2248b got gebe vns wunecliche iar!
      Hie endet ditz mere.
2250 daz hat der Glichesere
her Heinrich getichtet
vnde lie die rime vngerichtet.
die richte sider ein ander man,
der ovch ein teil getichtes kan,
2255 vnde hat daz ovch also getan,
daz er daz mere hat verlan
gantz rechte, als iz ovch was e.
an svmeliche ( ) rime sprach er me,
danne e dran were gesprochen;
2260 ovch hat er abe gebrochen
ein teil, da der worte was zv vil.
swer im nv des lonen wil,
der bite im got geben,
die wile er lebe, ein vrolich leben
2265 vnde daz er im die sele sende,
da si vrevde habe an ende.   AMen.

Ob diese Geschichte nun erlogen ist oder wahr – Gott gebe uns in jedem Falle ein gutes Jahr.

Hier hat die Geschichte ein Ende. Heinrich der Gleisner hat sie gedichtet, freilich in holprigen Versen. Die hat später ein anderer geglättet, der sich auf die Dichtkunst versteht. Er ist dabei so verfahren, daß er an der Geschichte selbst nichts geändert hat. Einige Verse hat er hinzugefügt, einige dort, wo sie überflüssig waren, eingespart. Wer ihn dafür belohnen will, möge Gott bitten, ihm zeit seines Lebens Glück zu schenken und danach seine Seele dorthin zu leiten, wo ihr Seligkeit ohne Ende beschert ist. Amen.

Nachwort

Die Tierdichtung – aufgefächert in zahlreiche literarische Genres – gehört zu den ältesten Bestandteilen der Weltliteratur. Ausdruck urgesellschaftlich-primitiver Welterfassung ist das *Tiermärchen*, bietet es doch den Versuch einer poetischen Naturdeutung und Naturmythologisierung.
Suchen nach Erklärungen für Erscheinungsformen der Natur und elementares Schutzbedürfnis, Glaube an naturmagische Einflußmöglichkeit auf gefährliche Tiere durch Wort und Dichtung waren sehr wahrscheinlich der Nährboden, auf dem diese Frühform der Tierdichtung erblühen konnte. Dahingegen fand die *Tierfabel* den ihr gemäßen Aktionsraum in den ersten sozialökonomischen Formationen der Klassengesellschaft. Mit der Ablösung der urgesellschaftlichen Produktions- und Lebensformen, mit dem Übergang zu einem differenzierteren gesellschaftlichen Leben, das durch das Gegenüber von Armen und Reichen, von ökonomisch Schwachen und Starken bestimmt wurde, ergab sich das zentrale Thema der Auseinandersetzung zwischen diesen Gruppierungen, der Darstellung der antagonistischen Widersprüche. Was lag näher, als bei dieser Darstellung die Analogie der Tierwelt zu suchen, die ja gleichfalls das Gegenüber von Schwachen und Starken, von harmlosen, genügsamen, wehrlosen Tieren und gefährlichen, gefräßigen, bewehrten Räubern aufwies. Das Tier der Fabel wurde nach Denken, Fühlen und Handeln zum Sinnbild des Menschen, und die kleine Form der Fabel bot in Gesellschaftsformationen, die noch nicht durch kompliziertere, kaum noch überschaubare Beziehungen zwischen den Klassen und Schichten gekennzeichnet waren, ein operatives, wirkungsvolles, rasch volkstümlich werdendes Genre für die Darstellung gesellschaftlicher Widersprüche. Darüber hinaus eröffnete dieses Genre der Tierdichtung belehrenden, erzieherischen Tendenzen ein weites Betätigungsfeld. Ist die Tierfabel bereits der Sklavenhalterordnung geläufig, so erlangte das *Tierepos* erst in der Feudalzeit erheblichere Bedeutung. Die „Batrachomyomachie" („Froschmäusekrieg", zwischen 500 und 200 v. u. Z.) eines unbekannten griechischen Dichters ist ein vereinzeltes Zeugnis der älteren Gesellschafts-

formation. Das differenzierte Handlungsgerüst des Epos eröffnete die Möglichkeit, komplexere und vielschichtigere Wirklichkeitsausschnitte dichterisch zu erfassen, zu interpretieren und zu bewerten, eine Möglichkeit, die der fortschreitenden gesellschaftlichen Differenzierung im Feudalismus entgegenkam. Die Fabeldichtung ist allerdings unerläßliche Voraussetzung für die Entstehung des Tierepos. Tierepen entstehen entweder als Zyklen (d. h. als Ergebnis der Kombination mehrerer Fabelhandlungen) oder als Schwelltypen (d. h. durch Aufschwellen des Handlungsgerüstes einzelner Fabeln, gegebenenfalls mit Anreicherung anderer Fabelstoffe).

Das älteste uns bekannte Tierepos des europäischen Raumes entstammt der Feder eines Touler Mönches, der im 10. oder 11. Jahrhundert ein lateinisches Hexametergedicht schrieb, bekannt unter dem Titel „Ecbasis cuiusdam captivi per tropologiam" („Die Flucht eines Gefangenen, sinnbildlich dargestellt"). Der Autor verschränkt zwei Tiergeschichten: Die Rahmenhandlung erzählt von einem Kälbchen, das leichtfertig der Herde entläuft und in die Gewalt des Wolfes gerät, aus der es von der Herde unter Führung des Stieres befreit wird. In der Binnenerzählung berichtet der von der Herde belagerte Wolf dem Otter und dem Igel die Hintergründe für die Feindschaft zwischen Wolf und Fuchs, indem er die Geschichte vom kranken Löwen, seinem Hoftag und der (durch den listigen Fuchs herbeigeführten) Heilung mit Hilfe des Wolfspelzes zum besten gibt. Tendenz des Werkes ist die Warnung vor sündhafter Weltlust (der Wolf verkörpert die Gefahren des Weltlebens) und Erziehung zu rechtem klösterlichem Verhalten (das Kälbchen verkörpert den ungehorsamen Klosterbruder, der durch den Abt = Stier und die Herde = Mönchsgemeinschaft gerettet wird). Zugleich nimmt der Autor die Gelegenheit wahr, in der Löwenhandlung das Hof- und Weltleben feudalfürstlicher Regenten kritisch zu beleuchten.

Fast den sechsfachen Umfang der „Ecbasis captivi" erreicht der gleichfalls in lateinischen Versen abgefaßte „Ysengrimus eines Magister Nivardus van Gent (Mitte des 12. Jahrhunderts). Der „Ysengrimus" ist ein Beispiel epischer Zyklenbildung, werden doch zahlreiche Erzählungen über Fuchs und Wolf zu einem literarischen Großgebilde zusammengefaßt und in den Dienst einer einenden künstlerischen Idee gestellt. Diese Idee ist schärfste, peinlich entlarvende Satire auf Geistlichkeit und Kirche (der beschränkte, gefräßige Wolf verkörpert den stupiden, habgierigen Kleriker aller Grade und Schattierungen), aber auch schonungslose Kritik am Widersinn feudalgesellschaftlicher Zustände bei warmherziger Parteinahme für die Armen und Unterdrückten.

Erste volkssprachige Gestaltungen tauchen fast gleichzeitig in Deutschland und Frankreich auf. In Frankreich entsteht um 1200 der „Roman de Renart", eine zyklenartige Zusammenfassung von vierundzwanzig contes oder branches, die durch einen gemeinsamen literarischen Helden (dominierende Rolle des Fuchses) zusammengehalten werden. Der „Roman de Renart" beschränkt sich auf eine einfache Reihung der ausgewählten Fabeln und ist stark auf die Befriedigung von Unterhaltungsbedürfnissen zugeschnitten, wenngleich es an satirischen Anspielungen auf feudalgesellschaftliche Mißstände nicht fehlt. Demgegenüber bietet das um 1180/90 in Deutschland entstandene kleine Epos vom „Fuchs Reinhart" eine kompositorisch wohlüberlegte Vereinigung von Zyklus und Rahmentechnik. Zudem geht es beim „Fuchs Reinhart" nicht mehr um beiläufige oder allgemeine kritische Seitenhiebe; es geht — wie noch zu zeigen sein wird — um weit mehr.

Das Werk — vollständig durch zwei Handschriften des 14. Jahrhunderts, in seiner ursprünglichen Fassung durch ein Handschriftenfragment des 13. Jahrhunderts überliefert — wurde von einem elsässischen Dichter geschaffen. Ein späterer Bearbeiter, dessen Fassung uns in den Handschriften des 14. Jahrhunderts begegnet, nennt den Autor der Vorlage „Heinrich den Glîchesaere" (Heinrich den Spiegelfechter). Man hat lange darüber gestritten, ob dieser zu Unrecht abwertend interpretierte Name nicht auf den Fuchs zu beziehen sei, doch er paßt im Grunde gar nicht so schlecht zu jenem Manne, der seiner Zeit im Spiegel der Tierwelt ein verschlüsseltes, entlarvendes, dichterische Wertungen implizierendes Bild entgegenhielt, der also in der Tat angesichts der aufregenden Aktualität seiner politischen Angriffe und der unerhörten, gefährdenden Kühnheit seiner Satire „gelîchesunge" (d. h. Verstellung) für notwendig erachtete. Sein Werk – nach dem Urteil Georg Baeseckes, eines hervorragenden Kenners der mittelalterlichen Literatur, „das rundeste, beste Epos unserer Frühzeit" – überrascht durch die Reife der ausgewogenen künstlerischen Komposition und läßt vermuten, daß der Autor aus den zahlreichen Traditionsströmen mittelalterlicher Tierdichtung wohlüberlegt das stofflich-motivisch Geeignetste auswählte, um es in den Dienst seiner dichterischen Aussageabsicht zu stellen. Nichts wäre daher ungerechter und bedenklicher, als die Stoffanalogien im „Roman de Renart" zum Bewertungsmaßstab für die Leistung des elsässischen Epikers zu machen und den Autor des „Fuchs Reinhart" als leidlich geschickten Redaktor abzustempeln. Weit näher liegt die Vermutung, daß dieses frühe deutsche Tierepos in einer Traditionslinie mündlicher Volkserzählung steht, wobei in der deutsch-französischen Berührungszone des Elsaß mit einem regen Austausch von Stoffen und Motiven beider Kulturräume gerechnet werden darf, so daß die Ähnlichkeit beider volkssprachigen Tierepen weit überzeugender und logischer begründet werden kann.

Der „Fuchs Reinhart" hält für die Forschung noch ein reiches Betätigungsfeld bereit. Die Skala der anstehenden Probleme umfaßt editorische, dichterbiographische, rezeptorische und werkanalytische Fragen. Namentlich dem zuletzt genannten Fragenkomplex seien einige – für das Werkverständnis unerläßliche – Ausführungen gewidmet, denn nichts wäre verkehrter, als in diesem Frühwerk deutscher Tiersatire eine sorglose Kompilation lustig-turbulenter Tierabenteuer zu sehen.

Man könnte das Epos vom „Fuchs Reinhart" eine epische Illustration zu einem berühmten Spruch des mittelalterlichen Lyrikers Walther von der Vogelweide nennen, in dem die gesellschaftliche Situation in Deutschland um 1200 mit folgenden Worten umrissen wird: „untriuwe ist in der sâze, / gewalt vert ûf der strâze: / fride unde reht sint sêre wunt." (Treulosigkeit lauert im Hinterhalt, Gewalttätigkeit treibt Straßenraub; Friede und Recht sind todwund.) Tatsächlich wurzelt der werkbestimmende Konflikt des „Fuchs Reinhart" in der feudal-anarchischen Lebensweise, in der Vorstellung vom Faustrecht, das zur Legitimierung räuberisch-annexionistischer Greueltaten herhalten mochte. Es geht um den Widerspruch zwischen den Interessen des Volkes und der herrschenden Feudalklasse, zugleich aber auch um Interessengegensätze in der herrschenden Klasse selbst. Diese Widersprüche werden – wohlüberlegt – auf drei Stufen sichtbar gemacht.

Auf der ersten Stufe (gekennzeichnet durch die Abenteuer, die der Fuchs mit Hahn, Meise, Raben und Kater erlebt) vermag der Fuchs – animalische Verkörperung des aufstrebenden niederen Adels – seinen Interessen aus eigener Kraft keine Geltung zu verschaffen, so daß er schließlich Dienstmann des Wolfes (offenbar Verkörperung des Hochadels) wird, da die Vereinigung wölfischer Kraft und füchsischer Schläue die beiden Bundesgenossen unüberwindlich machen könne.

Damit rückt auf der zweiten Stufe das Thema der Lehensbindung in den Vordergrund. Im Widerstreit der Interessen, der durch das egoistische Verhalten der Wolfsfamilie bei der Schinkenteilung ausgelöst wird, unterliegt der wölfische Dienstherr den Ränken seines füchsischen Dienstmannes (Gelage im Klosterkeller, Wolfstonsur, Fischzug des Wolfes, der Wolf im Klosterbrunnen, Sühneversuch des Luchses).

Die Anklage, die der Wolf gegen seinen Widersacher vor dem Hofgericht erhebt, leitet zur dritten Stufe über, die der Dichter der Auseinandersetzung mit dem Feudalkönigtum vorbehält. Die Darstellung des Hoftages selbst hat kompositorisch die Funktion eines Rahmens, in den vier Abenteuer (Botengang des Bären, Botengang des Katers, Belehnung des Elefanten, Belehnung des Kamels) eingebettet sind. Den Aufgesang zu diesem zentralen Handlungsteil bietet die Schilderung der Ursache für die Krankheit des Löwen, den Abgesang des Löwen Heilung und schließliche Ermordung.

Es wird damit deutlich, daß es sich beim „Fuchs Reinhart" um ein wohlüberlegt durchkomponiertes literarisches Kunstwerk handelt, dessen Handlungsteile einer zentralen dichterischen Aussage zugeordnet sind: Auseinandersetzung mit der widerspruchsreichen feudalen Gesellschaftsordnung, vor allem mit dem Feudalkönigtum und mit der ideologischen Stütze des Feudalismus, mit der mittelalterlichen Kirche.

Die Auseinandersetzung mit dem Feudalkönigtum – konkret mit der staufisch-dynastischen Politik – ist in der Tat

von geradezu ätzender Schärfe. Dies wird bereits im ersten Akt der Königshandlung deutlich, als der Löwe die Waldameisen auffordert, ihm als dem obersten Herrscher zu huldigen.
Da sie diese Huldigung aus Treue zu ihrem angestammten Herrscher ablehnen, zerstört er ihre Wohnstatt und tötet zahlreiche Angehörige dieses widerspenstigen Volkes. Darauf kriecht der rachedurstige Ameisenherrscher dem schlafenden Löwen durch den Ohrgang ins Gehirn und plagt ihn fürchterlich. Erst dem vom Schmerz gepeinigten Löwen kommt es in den Sinn, daß er Gerechtigkeit üben muß, und eilends beruft er einen Hoftag ein, auf dem Gericht gehalten werden soll. Statt aber den Übeltäter Reinhart, der von vielen Tieren des Verrats und der Gewalttätigkeit überführt wird, nach Recht und Gesetz zu strafen, schädigt der König voller Willkür die Ankläger und Widersacher Reinharts, als der verschlagene Fuchs dies zur Voraussetzung für des Löwen Heilung macht. Der Dichter charakterisiert den König demnach als ungerecht, treulos und in höchstem Maße egoistisch. Er duldet es, daß in seinem Herrschaftsbereich der Landfrieden gebrochen wird, daß Recht und Gesetz zur Farce werden. Von einer Rechtswahrung im öffentlichen Interesse kann keine Rede sein, ja selbst der Ansatz zur Ausübung dieses vornehmsten königlichen Amtes wird zur makabren Groteske, als der listige Fuchs die persönlichen Interessen des Königs auszunutzen versteht. So wird der Gerichtstag geradezu in sein Gegenteil verkehrt: Aus dem Tribunal wird eine Enthüllung königlicher Willkürherrschaft, die nicht davor zurückschreckt, die Autorität der königlichen Majestät zur Legitimierung des fürchterlichsten Unrechts zu benutzen. Die Figur des Löwen ist also ein satirisches, abschreckendes Zerrbild jenes Ideals des rex iustus et pacificus (des gerechten und friedliebenden Königs), das von Friedrich I. (Barbarossa) und seinen Propagandisten in Kurs gesetzt wurde. Tatsächlich dürfte die in Form der Tiersatire vorgetragene Anklage auf die Person Friedrichs I. zu beziehen sein, finden doch dessen Italienzüge (besonders die Zerstörung Mailands) im Ameisenabenteuer des Löwen ihre dichterische Reflexion. Im Schlußbild (das Haupt des sterbenden Löwen zerfällt in drei Teile, seine Zunge in neun) entwirft der Dichter des „Fuchs

Reinhart" mit frappierendem politischem Weitblick die erschreckende Vision des völligen Zusammenbruchs aller staufisch-imperialen Herrschaftsträume, ja des Zerfalls des staufischen Imperiums.
Im Anstifter allen Unheils, dem Fuchs Reinhart, zeichnet der Dichter den Prototyp des aufstrebenden niederen Adels, in dem er offenkundig einen bedeutsamen Machtfaktor der feudal-anarchischen Gesellschaftsordnung erblickt. Tatsächlich gingen im 12./13. Jahrhundert gerade aus dieser Schicht die aktivsten Adelsideologen hervor, die maßgeblich an der Entwicklung einer glanzvollen Feudalkultur zur Verherrlichung und Sicherung feudaler Klassenherrschaft beteiligt waren.
Daß der Dichter im Aufkommen und in der kulturellen Aktivität dieser Schicht eine Gefährdung der ohnehin zerrütteten Feudalordnung sah, bezeugt seine Auseinandersetzung mit zentralen Wertvorstellungen der feudalhöfischen Kultur, ist er doch eifrig bestrebt, diese Werte als Scheinwerte zu diskreditieren. So tritt denn der abgefeimte Betrüger Reinhart in der Rolle des modernen Hof- und Weltmannes auf, der seine höfische Politesse wirksam einzusetzen weiß, als es ihm an den Kragen gehen soll. Als ihn nämlich die anwesenden Tiere bei seinem Eintreffen auf dem Hoftag mit zornigem Geschrei empfangen, verschafft er sich mit den folgenden Worten Ruhe und zugleich die widerwillige Anerkennung des Königs: „Kunic, was sol dirre doz? ich bin in mangen hof kvmen, daz ich selden han vernvmen solche vngezogenheit." (König, was soll denn dies Geschrei? Ich bin schon an manchen Hof gekommen, aber noch nie ist mir solch unhöfisches Benehmen begegnet.) Von den Werten der höfischen Kultur sucht der Dichter am stärksten die Minne zu diffamieren und zu entwerten, läßt er doch das Minneverhältnis zwischen Fuchs und Wölfin im Ehebruch und schließlich gar in der Schändung der Wölfin vor den Augen des herbeieilenden Gatten gipfeln.
Neben dem Feudalkönigtum und der aufblühenden Feudalkultur gerät die Geistlichkeit, gerät auch die christlich-katholische Dogmatik in den Focus dichterischer Satire. Wenn das tote Huhn auf Grund der Fieberphantasien des verängstigten Hasen heiliggesprochen wird, so ist dies zweifellos ein unerhörter Angriff auf den für das Mittelalter

so bezeichnenden Heiligenkult. Wenig schmeichelhaft für die Praxis priesterlicher Seelsorge ist die Erzählung vom Botengang des Katers Diebrecht, der durch Reinharts Verrat in eine Falle gerät, die ein Priester in seinem Hause für den beutegierigen Fuchs aufgestellt hat. Als der Gottesdiener mit seiner Gattin (!) und seiner Konkubine (!) herbeieilt, um den vermeintlich gefangenen Fuchs zu töten, kann Diebrecht dank einer Ungeschicklichkeit des Priesters entkommen. Der wackere Gottesknecht wird daraufhin von seinem Eheweib fürchterlich verbleut, bis ihn seine Konkubine den Fängen des erbosten Hausdrachens entreißt. Kräftige satirische Seitenhiebe gelten auch dem Mönchtum: Den aus dem Klosterbrunnen gezogenen Wolf retten die sichtbaren Zeugnisse der Streiche Reinharts, nämlich Tonsur und abgehauener Schwanz. So hält ihn der Prior des Klosters (ein Zeichen erheblicher theologischer Ignoranz und zugleich Ausdruck blasphemischer Haltung des Dichters) für einen reuigen Sünder, der nach alttestamentlichem Brauch beschnitten sei.

Das Tierepos vom Fuchs Reinhart ist also scharfe Gesellschaftssatire. Der Dichter entlarvt die feudale Gesellschaftsordnung als eine von Egoismus, Willkür, Ungerechtigkeit, Dummheit, Falschheit und Untreue geprägte gesellschaftliche Unordnung. Er enthüllt die Brüchigkeit der entstehenden feudalhöfischen Ideologie und Kultur, wendet sich aber auch gegen die überkommene ideologische Hauptstütze des Feudalismus, gegen die christliche Religion. Mit fast erschreckend anmutendem dichterischem Weitblick enthüllt der Dichter schließlich die ausweglose Perspektive der staufisch-dynastischen Politik, deren zeitgenössischen Repräsentanten – Friedrich I. Barbarossa – er nicht nur wegen seiner Italienpolitik angreift, sondern gar des Verrats an den von ihm selbst verkündeten und propagierten staufischen Herrschaftsidealen anklagt. Mit dem „Fuchs Reinhart" wird eine Glanzleistung politischer Dichtung vorgelegt, die zu Grundsätzen der staufischen Politik und zu entscheidenden Lehrsätzen des kirchlichen Dogmas Stellung nimmt. Es ist kaum anzunehmen, daß dieser Dichter – wie ab und an behauptet wurde – im Dienste oppositioneller feudaler Kräfte gestanden hätte; dazu ist seine Auseinandersetzung mit allen Ständen der feudalen Herrschaftspyramide zu unbedingt und zu schonungslos. Weit wahrscheinlicher ist ideologische Bindung an das sich entwickelnde Städtebürgertum der oberrheinischen Städte. Für eine solche Deutung spricht auch die Haltung, die der Dichter bei der Schilderung des Ameisenkampfes zeigt. Er billigt den willkürlichen Überfall des Löwen ganz und gar nicht, ja er zeichnet die Ameisen-Bürger mit unverhohlener Sympathie, denn sie sind die einzigen Figuren des Epos, die ohne Zwang – selbst unter Einsatz ihres Besitzes und Lebens – dem angestammten Herrscher unwandelbar die Treue halten. Mit unüberhörbar warnendem Unterton schließt die Schilderung der schweren Verluste, die sie erleiden mußten: „Gnvc bleibe ihr ovch gesunt" (eine ziemlich große Anzahl von ihnen konnte überleben).

Lange Zeit stand das elsässische Epos vom „Fuchs Reinhart" im Schatten der Spitzenleistung auf dem Felde der Tierepik, die im mittelniederdeutschen „Reynke de Vos" gesehen werden muß. Die Linie, die zu diesem 1498 gedruckten Werk führt, beginnt bei einer niederländischen Stoffbearbeitung aus dem 13. Jahrhundert, geschaffen von einem ostflämischen Dichter namens Willem („Van den vos Reinaerde"). Die erweiterte Überarbeitung dieses Werkes von 1375, bekannt unter dem Titel „Reinaerts Historie", stellt einen Glanzpunkt der niederländischen Literatur des Mittelalters dar und wurde in der späteren Fassung eines Hinrek van Alckmer – gedruckt zu Antwerpen im Jahre 1487 – zur Stoffvorlage für den Lübecker Verfasser des mittelniederdeutschen Werkes. Der „Reynke de Vos", feudalgesellschaftliche Satire par excellence, gelangte über Gottscheds hochdeutsche Übersetzung in die Hände Goethes – der 1794 seinen „Reineke Fuchs" schrieb – und inspirierte noch im 19. Jahrhundert Adolf Glaßbrenner zu seiner Vormärz-Kampfschrift „Neuer Reineke Fuchs" (1846).

Die Entwicklungslinien von Tierfabel und Tierepos enden im 18. Jahrhundert. Nach den Glanzleistungen der deutschen Aufklärung auf dem Gebiet der Fabeldichtung und nach Goethes meisterlicher „Reineke"-Neuschöpfung verliert die Tierdichtung innerhalb dieser Genres an Bedeutung und Wirkungskraft. Die Gründe liegen auf der Hand: Fabel und Tierepos waren als literarische Genres brauchbar und wirkungsvoll, solange die Struktur der Klassengesellschaft noch relativ unkompliziert und von den Darstellungsformen der beiden Genres erfaßbar war. Sie waren brauchbar und wirkungsvoll, solange die ästhetischen Bedürfnisse jener Volksschichten, die Fabel und Tierepos als literarische Mittel des Klassenkampfes, der Klassenerziehung und der Unterhaltung genutzt hatten, durch diese künstlerisch-literarischen Ausdrucksformen befriedigt, solange andere Ausdrucksformen nicht gefordert oder geboten wurden. Mit dem Ausgang des 18. Jahrhunderts wurden die gesellschaftlichen Beziehungen vielschichtiger, komplizierter, schwerer durchschaubar. Die Dialektik des Klassenkampfes, der Klassenentwicklung, die Vielfalt der gesellschaftlichen Widersprüche und der menschlichen Konflikte konnten von den relativ einfachen Darstellungsformen der Tierfabel und des Tierepos nicht mehr adäquat erfaßt und bewältigt werden. Literarische Genres wie der Roman und das Drama liefen ihnen den Rang ab, vermochten sie doch in diesem Stadium der Entwicklung die herangereiften Probleme komplexer, tiefgründiger, überzeugender darzustellen. Doch damit starb die Tierdichtung nicht ab. Sie bildete neue Genres und Funktionen aus, suchte neue Wirkungskreise. Bemerkenswert ist vor allem die psychologische Vertiefung literarischer Tiergestalten, die zwei Gestaltungslinien prägt: auf der einen Seite stark vermenschlichte, individualisierte literarische Figuren, die ihre Tiergestalt nur noch der Absicht ironischer Nuancierung verdanken (E. T. A. Hoffmanns „Kater Murr", H. Heines „Atta Troll"), auf der anderen psychologisierende Versenkung in die Tierseele selbst, die – bei Abbau ihrer traditionellen gesellschaftlichen Bezüge – in ihrer Eigenart, ohne direkte sinnbildlich-ironische Beziehung zur Menschenwelt vorgestellt wird (J. Londons „Wolfsblut", H. Löns' „Mümmelmann"). Nur im Kinder- und Jugendbuch haben sich Reste der alten sinnbildlichen Darstellungsart, Reste der sich überkreuzenden Funktionen kritischer und didaktischer Zielrichtung erhalten.

Mit der Ausgabe des alten Tierepos vom „Fuchs Reinhart" soll ein Stück literarisches Erbe aus dem deutschen Mittelalter zum Leben erweckt und unserer Gegenwart neu erschlossen werden, ein Stück Erbe, das infolge bedauernswerter Einseitigkeiten der älteren Forschung unbillig geringe Beachtung gefunden hat. Wenn jenes Wort, nach dem

Kunst eine Waffe im Klassenkampf ist, auf eine mittelalterliche deutsche Dichtung Anwendung finden kann, dann unbedingt auf dieses oft vernachlässigte Werk eines Unbekannten, der politisches Engagement mit erheblichem künstlerisch-kompositorischem Können zu vereinen wußte. Daß diese Wertung nicht Ausdruck subjektiver Vorliebe oder Neigung ist, mag die Lektüre des Werkes beweisen. Sie zu erleichtern, wurde neben einem umfangreichen Glossar (entnommen der maßgeblichen Edition von G. Baesecke und I. Schröbler) eine Prosaübersetzung synoptisch beigegeben, die sich auf meine Übersetzung in der Sammlung „Der Fuchs und die Trauben. Deutsche Tierdichtung des Mittelalters" stützt. Der Urtext folgt der Handschrift P (Cod. Pal. germ. 341 der Universitätsbibliothek Heidelberg), die in der sorgfältigen diplomatischen Wiedergabe von G. Baesecke / I. Schröbler aus der unten genannten Edition übernommen wurde. Dem Interessierten mögen die nachfolgenden Literaturhinweise einige Orientierungen geben und weiteres Einarbeiten ermöglichen.

Ausgaben

Koloczaer Codex altdeutscher Gedichte, hrsg. von J. N. Mailáth / J. P. Köffinger, Pesth 1817, S. 357–420.
Reinhart Fuchs von J. Grimm. Berlin 1934, S. 25–114.
Reinhart Fuchs, hrsg. von K. Reißenberger (= Altdeutsche Textbibliothek Nr. 7). 1. Aufl. Halle 1886, 2. Aufl. Halle 1908.
Heinrichs des Glichezares Reinhart Fuchs, hrsg. von G. Baesecke mit einem Beitrage von Voretzsch (= Altdeutsche Textbibliothek Nr. 7). Halle 1925. 2. Aufl. besorgt von I. Schröbler. Halle 1952 (Das mittelhochdeutsche Gedicht vom Fuchs Reinhart).

Übersetzungen

G. Baesecke, Reinhart Fuchs. Das älteste deutsche Tierepos aus der Sprache des 12. Jahrhunderts in unsere übertragen. Halle 1926.

W. Spiewok, Der Fuchs und die Trauben. Deutsche Tierdichtung des Mittelalters. Berlin 1973, S. 211 ff.

Wissenschaftliche Literatur (Auswahl)

K. Voretzsch, Der Reinhart Fuchs Heinrichs des Glîchezâre und der Roman de Renart; in: Zeitschrift für romanische Philologie 15 (1891), S. 124 ff. und 344 ff.; 16 (1892), S. 1 ff.
Heinrich (der Glichezare); in: Die deutsche Literatur des Mittelalters. Verfasserlexikon, hrsg. von W. Stammler und K. Langosch, 5 Bände, Berlin 1931–1955, 2. Bd.
H. R. Jauss, Untersuchungen zur mittelalterlichen Tierdichtung. Tübingen 1959.
E. Erb, Geschichte der deutschen Literatur von den Anfängen bis 1160, 2. Halbband, Berlin 1964, S. 805 ff.
W. Spiewok, „Reinhart Fuchs" – Fragen; in: Wissenschaftliche Zeitschrift der Ernst-Moritz-Arndt-Universität Greifswald, Jg. XIII, 1964, Gesellschafts- und sprachwissenschaftliche Reihe Nr. 4, S. 281 ff.

Wolfgang Spiewok

Sacherläuterungen

1 Der Name des Fuchses geht auf germanisch *ragan/regin* „Rat" zurück und deutet auf die Klugheit des Namensträgers.
2 Der Name des Hahns enthält die altfranzösischen Wörter *chanter* „singen" und *cler* „klar, hell".
3 Der Name des Huhns ist französischer Herkunft, man vergleiche frz. *pintade* „Perlhuhn".
4 Der Name des Vaters ist offensichtlich eine Eindeutschung des Namens Schantecler.
5 Der Name des Raben deutet wohl wie der des Hahnes auf die Stimmgewalt des Tieres hin, man vergleiche altfrz. *dire* „sprechen" und den Plural *diz* „Rede".
6 Der Name des Katers deutet auf räuberisches Wesen.
7 Irischer Missionar, der im 7. Jh. in Südwestdeutschland wirkte.
8 Währungseinheit; seit karolingischer Zeit 1 Schilling = 12 Silberpfennige (aus lat. solidus).
9 Der Name des Wolfes geht wahrscheinlich auf althochdeutsch *isan* „Eisen" und germanisch *grim* „(Tier)Maske" zurück, wobei später Anlehnung an althochdeutsch *grim* „schrecklich, grimmig" erfolgt. Der Name deutet auf einen rücksichtslosen Charakter.
10 Der Name der Wölfin ist wohl eine Abkürzung des Frauennamens Herswinth.
11 Das Liebeswerben Reinharts um Hersante ist eine scharfe Satire auf den sogenannten „Minnedienst", der an den Höfen der großen Feudalherren gepflegt und von der hochfeudalen Literatur propagiert wurde. Anfangs als Mittel der Erziehung, der kämpferischen Ertüchtigung und der kulturellen Verfeinerung genutzt, entartete der „Minnedienst" zum oberflächlichen Gesellschaftsspiel, das – wie die dichterische Satire andeutet – hie und da Konsequenzen sexueller und ehebrecherischer Art gezeitigt haben mag.
12 Der Dichter gibt keinen Aufschluß darüber, welches Tier hier gemeint ist. Küenin kann ein Vogel oder ein kletterfähiges Säugetier sein. Vielleicht ist der Marder gemeint, zumindest deutet der Name („Kühnlein") auf ein Raubtier.
13 Orden, nach dem 1098 gegründeten Kloster Citeaux genannt.
14 Citeaux; Stammkloster des Zisterzienserordens im Departement Côte-d'Or (Nordfrankreich).
15 „Im Namen des Vaters": Formel des katholischen Gottesdienstes.
16 Das Brunnenabenteuer des Fuchses wird zu einer erneuten satirischen Anspielung auf den „Minnedienst" genutzt.
17 Lateinisch „der Obere", Stellvertreter des Abts oder Vorsteher eines kleineren Klosters.
18 Elsässischer Adliger, 1153 bis 1156 in Urkunden Friedrichs I. bezeugt. Die Horburg liegt in der Nähe von Kolmar.

19 Juristischer Begriff, bezeichnet den Termin, zu dem eine öffentliche, rechtsgültige Aussöhnung zwischen zwei streitenden Parteien angesetzt ist.
20 Der Name des Bären geht auf althochdeutsch *bruno* zurück und bedeutet „der Braune", bezieht sich also auf die Farbe des Pelzes. Solche Umschreibungen nennt man auch „Tabu-Wörter"; sie wurden in abergläubischer Rücksicht gebildet und gebraucht, da man fürchtete, durch die Verwendung des eigentlichen Namens das gefährliche Tier herbeizurufen.
21 Der Name des Dachses ist wohl auf althochdeutsch *grim* „schrecklich, wild" zurückzuführen und deutet auf Blutdurst. In anderen Dichtungen finden wir für den Dachs den Namen „Grimbart".
22 Der Name soll wohl auf die Tatsache deuten, daß dem Fuchs eine Falle gestellt wird. „Reize" ist wahrscheinlich auf mittelhochdeutsch *reizen* „locken" zurückzuführen, doch bietet sich auch eine Beziehung zum mittelhochdeutschen *reizec* „gierig" an.
23 Vom Landesherrn gebotene Wahrung des Friedens, die seit dem 12. Jh. vor allem das Raubritterunwesen einschränken sollte. Denjenigen, der durch Totschlag, Verwundung, Gefangennahme, Notzucht, Brandstiftung oder Raub den Landfrieden brach, trafen schwerste Strafen.
24 Der Name des Königs kommt von dem mittelhochdeutschen Adjektiv *vrevel* „gewaltig, verwegen, mutwillig" und kennzeichnet damit den despotischen Charakter des Herrschers.
25 Die Zerstörung der Ameisenburg durch den Löwen ist aller Wahrscheinlichkeit nach eine literarische Reflexion der Italienzüge Friedrichs I. Barbarossa, besonders der spektakulären Zerstörung Mailands im Jahre 1162.
26 Anläßlich hoher kirchlicher Feiertage hielten die deutschen Könige im Mittelalter Hoftage ab, die später zu Reichstagen ausgeweitet wurden. Zu diesen Hoftagen wurden die vornehmsten weltlichen und geistlichen Würdenträger eingeladen. Sie dienten der Beratung und Entscheidung wichtiger Reichsangelegenheiten.
27 Im Mittelalter gültiges Massemaß für Edelmetalle (Gold und Silber), wobei landschaftlich und zeitlich bedingte Unterschiede auftreten. So hatte z. B. die alte Kölnische Mark das Gewicht von 233,812 Gramm. Bei tausend Mark hätte man also mit etwa 250 kg Edelmetall zu rechnen.
28 Der Richter konnte den auftretenden Parteien auf Antrag einen Anwalt zubilligen, der die Sache seines Mandanten vertrat. Versehen dieses Sachwalters durften seinem Mandanten nicht angelastet werden. Diese Festlegung ist in mittelalterlichen Rechtsbüchern (so z. B. im „Sachsenspiegel") enthalten.
29 Die dreimalige Ladung entspricht mittelalterlicher Rechtsvorschrift, wie sie z. B. im „Landrecht" des „Sachsenspiegels" (II 14 § 1) enthalten ist.

30 Dem Löwen wird – bezeichnend für die Funktion dieser Tiergestalt! – eine Redensart in den Mund gelegt, die nach der Überlieferung für Friedrich I. Barbarossa charakteristisch gewesen sein soll.
31 Diese Episode ist schärfste Satire auf den mittelalterlichen Heiligenkult.
32 Im Mittelalter geltendes allgemeines Recht im Unterschied zu den Sonderrechten einzelner Klassen oder sozialer Schichten („Lehnrecht", „Dienstrecht" u. ä.).
33 Die Erwähnung einer Ehefrau des Priesters (und nachfolgend einer Konkubine) ist Kritik am verbreiteten Bruch des Zölibats, das den römisch-katholischen Priester zur Ehelosigkeit und zu geschlechtlicher Askese verpflichtet.
34 Nach mittelalterlicher Gesetzgebung durch den König auszusprechende Ächtung, die den Gebannten für vogelfrei erklärte, so daß ihn jedermann straflos töten durfte.
35 Nennung des Dichters, wobei es sich offenbar um einen symbolisch gemeinten Beinamen handelt. Mittelhochdeutsch *gelichesunge* „Verstellung" ist die Grundlage, und ein solcher Name paßt durchaus zu einem Mann, der im Bilde der Tierwelt zahlreiche Widersprüche und Konflikte der feudalen Gesellschaftsordnung nicht nur sichtbar machte, sondern zu diesen Widersprüchen und Konflikten kritisch Stellung nahm. Die oft auftauchende Übersetzung „Heuchler" ist hier falsch und verkennt die Funktion des Beinamens.
36 Dank ihres Wohlgeruchs wurde den beiden Gewürzen im Mittelalter Heilkraft zugeschrieben. So ganz abwegig war dies nicht, denn sowohl Nelkenöl wie auch Zimtöl werden in der Pharmazie heute verwendet.
37 Die Medizinische Fakultät der Universität Salerno galt im Mittelalter als ein Zentrum der medizinischen Wissenschaft.
38 Der Truchseß war einer der vier höchsten Hofbeamten (Truchseß, Marschall, Kämmerer, Schenk), er leitete die königliche Hofhaltung.
39 Anspielung auf innerböhmische Wirren. Historischer Hintergrund ist das Geschehen um Sobesław II. (1179 durch Herzog Friedrich aus dem Land getrieben) und um diesen Herzog Friedrich, der 1182 vor einer Verschwörung böhmischer Adliger aus dem Lande floh. Dirigiert wurden beide Prätendenten von Friedrich I. Barbarossa, der durch eine geschickte Belehnungspolitik seinen Einfluß in Böhmen zu sichern suchte.
40 Erstein ist ein elsässisches Kloster an der Ill. Offenbar wird auf ein Ereignis der Lokalgeschichte angespielt, doch lassen sich die Bezüge nicht mehr aufhellen.
41 Wenn beim Tod des Löwen dessen Haupt in drei und dessen Zunge in neun Teile zerfällt, so versucht sich der Dichter als Prophet, denn er sagt den Zerfall des Reiches nach dem Tode Fried-

richs I. Barbarossa (gestorben 1190) voraus. Friedrich I. trug tatsächlich drei Kronen (die deutsche, die burgundische und die langobardische), und sein weiterer Herrschaftsbereich umfaßte in der Tat neun Länder (mittelhochdeutsch *zunge* hat die Bedeutung „Zunge, Sprache, Volk, Land"), nämlich Sachsen, Franken, Schwaben, Bayern, Burgund, Norditalien, Böhmen, Polen und Dänemark.

Glossar

Die Stichworte erscheinen in normalisierter Form wie in Lexers Wörterbuch. Ein [vor einem Stichwort bedeutet, daß das Wort im *Reinhart Fuchs* handschriftlich nicht überliefert, sondern Konjektur ist.

-â wird Partikeln und Imperativen zur Steigerung des Nachdrucks angefügt (*neinâ, sagâ*)
abe adv. ab
abebrechen stv. abbrechen; 2260: vermindern (die Verszahl im Gedicht oder die Silbenzahl im Vers)
aber adv., konj. wiederum, abermals; dagegen, aber
affenheit stf. Narrheit, Albernheit
after präp. hinter, über . . . hin (auch zeitlich); gemäß
aht(e) stf. Einschätzung, Beachtung, Berechnung
âhte, æhte stf. Acht
âl stm. Aal
al adj. all, ganz; *mitalle* adv. ganz und gar
albesundern adv. abgesondert, einzeln
allertegelich adv. an jedem von allen Tagen
allez adv. immer, freilich
alsam adv. ebenso
alsust adv. so, auf solche Weise; sonst
alumbe adv. ringsumher
alwære adj. einfältig, albern
amecht stn. Amt, Beruf, Stand
âmeiz(e) st., sw. m. Ameise
amie swf. Geliebte
amis stm. Geliebter
anders adv. sonst
ân(e) präp., konj. ohne, außer; außer daß, nur daß; adv.: *âne stân, â. wesen* entbehren
anegan v. an. an etwas herangehen, es anfangen
angesichte stn. Anschauen, *ze a.*: in Gegenwart
angest stf., stm. Bedrängnis, Angst
angestlich adj. Bedrängnis erregend, schrecklich
ansehende part. präs. 1199: passivisch: was man ansieht oder angesehen hat
arbeit stf. Mühsal, Not
arc adj. nichtswürdig, böse
arclich, erclich adj. böse, schlimm
art stm., stf. Eigentümlichkeit, Natur, Art
arzâtîe stf. Arznei
arzâtîen swv. Arznei geben
âsprâchen stn. törichtes Reden

bâbe f. altes Weib (slav.)
bache swm. Schinken
balde adv. kühn, schnell, sogleich
bartinc, bertinc stm. Langbart, Klosterbruder
bate swm. Pate; Patenkind
baz adv. komp. besser; mehr
bedenken swv. die Gedanken auf etwas richten
bedriezen stv. unpersönl. lästig dünken
begân v. an. zu etwas hingehen, es erreichen, erwerben; ins Werk setzen
begrîfpen swv. rasch ergreifen
behalten stv. aufbewahren
beheften swv. festhalten, zurückhalten
beinin adj. von Knochen
bekêren swv. zu etwas hinwenden, umwenden
bekomen stv. m. Dat.: begegnen
bekorn swv. kosten, schmecken
belangen swv. m. Gen., verlangen nach, gelüsten
bellîz stm. Pelz
berâten stv. (zu *rât* Vorrat) ausstatten mit Vorrat, versehen mit
bereiten swv. *einen eines d. b.* einen kennen lehren
bern swv. schlagen, klopfen
bescheiden stv. schlichten, einen Schiedsspruch tun
beschelten stv. durch Tadel herabsetzen, schmähen
beschinden stv. (part. prät. sw. *beschindet*) schälen, enthäuten
beschulden swv. verschulden; *wider* verdienen um
besitzen stv. umstellen, belagern; in Besitz nehmen
bestân, -stên v. an. dableiben; feindlich angehen, befallen; *mich bestât:* mich geht an, mir kommt zu
beswæren swv. belästigen
betriegen stv. betrügen
betten swv. m. Dat. d. Pers. einem ein Bett herrichten
bevelhen stv. übergeben, anempfehlen
bewarn swv. sorgen für
bewenden swv. nach einer Richtung hin wenden
beziunen swv. umzäunen
bî präp. bei, um, an, auf, zu
bilde stn. Beispiel, Gleichnis
bin, bîn st., sw. f. Biene
bîzen stv. beißen
blinzen swv. blinzeln
bloch stn. Block
bor- in Zusammensetzung mit adj. und adv. steigernd: gar sehr; *borholt* sehr zugeneigt
bœse, bôse adj. schlecht, schlimm
bôsheit stf. böses Denken und Tun

botenbrôt stn. Botenlohn
bôzen stv. schlagen, klopfen
brehten stn. Schreien, Lärmen
briol s. *prior*
briuten, brûten swv. begatten
briuwen stv. brauen
bûc, buoc stm. Bug
bühse swf. Büchse
buoz stf. Besserung; *mir wirt eines dinges b.*: mir wird Abhilfe, Besserung zuteil
buoze stf. Buße; *ze b. stân* etwas büßen

cus (frz. *cous*) stm. Hahnrei

danc stm. Denken, Wille; *über, âne d.* wider willen
dannen, dan adv. von da weg
dannoch adv. zu dem Zeitpunkt noch, damals noch, jetzt noch
dar adv. dem., rel. dahin, wohin
dicke adj dicht
dicke adv. dicht, oft
diech stn. Oberschenkel
dienest stm. Diener
dienest stm., n. Dienstwilligkeit, Lehensdienst
diet stf. Volk, Leute
doch adv. doch, dennoch
doln swv. erdulden
dôn stm. Ton, Weise
dorn stm. Dorn, Stachel; Dornstrauch
dôz stm. Geräusch, Lärm
draben swv. traben, in gleichmäßiger Beeilung gehen oder reiten
drâs stm. Duft
drâte adv. rasch, alsbald
drie s. *dröuwen*
dröuwen, drouwen swv. dräuen, drohen
drûch, drûhe, druck stf. (stm.?) Fessel; Falle für wilde Tiere
durch präp. durch; wegen; um . . . willen

ê(r) adv. früher, vormals
eben(e) adv. gleichmäßig, bequem
eberîn adj. vom Eber
ebtessinne stf. Äbtissin
edel adj. von vornehmer Herkunft; ausgezeichnet in seiner Art
effen swv. äffen, narren
(h)eht adv. nur gerade; ein einzelnes Wort hervorhebend: nun, eben, denn
eichorn stm. Eichhorn
eines adv. einmal

einest, einôst adv. einmal; einst
ellenthaft adj. tapfer
enbern stv. entbehren, verzichten
enbizen s. *inbizen*
enbor adv., vor adj. und adv. das gleiche wie *bor-*: steigernd: gar sehr; *enborholt* sehr zugeneigt
ende stn. Ende
endreu, endriu in drei Teile
engân v. an. entgehen, entgleiten
engelten stv. bezahlen, vergelten; m. Gen.: bezahlen, kaufen; für etwas Strafe leiden
enthaben sw. refl.: sich enthalten
[*entliben* stv. m. Dat. verschonen
entreden swv. gegen eine Anklage verteidigen
entsament adv. zusammen
entschuldigen swv. von einer Schuld lossagen
entswichen stv. unpers. m. Dat. ohnmächtig werden
entwenken swv. entgehen
entwischen swv. entwischen
en(t)zücken swv. eilig wegnehmen
erheizen swv. absitzen
erbizen stv. totbeißen
erbolgen part. adj. erzürnt
erdiezen stv. erschallen
erdreschen stv. verprügeln
ergeben stv. aufgeben, fahrenlassen
(h)ergecketzen, ergetzen swv. zum Toren werden
ergouchen swv. zum Toren werden
erheben stv. aufheben, in die Höhe heben; anheben, beginnen
erhœren swv. vernehmen
erkennen swv. kennen, wissen, sich verstehen auf
erklich s. *arclich*
erlâzen, erlôzen stv. m. Acc. u. Gen. jem. wovon freilassen
erscheinen swv. sichtbar werden lassen, offenbaren
erschepfen v. an. ausschöpfen
erschrecken swv. auffahren, aufschrecken, erschrecken
ersmecken swv. riechen, wittern
erteilen swv. ein Urteil fällen
ervüllen swv. ausführen, erfüllen
erwarten swv. schauen; *ûf e.*: aufschauen
erwegen swv. emporheben
erwenden swv. abwenden
erwinden stv. ablassen
erziehen stv. herausziehen; ausholen
êwarte swm. Priester
êwe, ê stf. Recht, Gesetz, *diu alte ê* das alte Testament; Ehe

f siehe unter *v*

gâch adj. schnell, plötzlich; *mir ist g. nâch* oder m. Gen. d. Sache: ich habe Eile, strebe mit Eifer nach
gâhen swv. eilen
gamen stn., m. Freude
gân v. an. gehen; 80 *mir gât uber* mich überläuft es
gar, garwe adv. gänzlich
garce? 550 *garce hâr = granhâr* Milchhaar?
gebâren swv. sich benehmen
gebieten stv. m. Dat. d. Pers. entbieten, laden
gebrehte stn. Lärm
gebûr(e) st., swm. Nachbar; Bauer
g(e)ezzen stv. essen, verzehren
gehaz adj. feindselig
gehœrec adj. folgsam
gehœren swv. hören
geil adj. fröhlich, vergnügt
geilliche adv. fröhlich
geistlich adj. geistlich; fromm
gelich(e) adv. gleichermaßen, auf gleiche Weise
gelîchesære stm. Heuchler, Gleißner; als Übername eines Fahrenden 1786 P. 2250
gelle swf. Nebenfrau
geloben swv. geloben, versprechen
gelt stn. Einkommen
gelten stv. vergelten, bezahlen
gelust stm. Begier, Gelüsten
[*gemechliche* adv. mit Bequemlichkeit
gemeine adj. mehreren gehörig, gemeinschaftlich
gemeine adv. zusammen, insgesamt
gemeinlîchen adv. gemeinschaftlich, alle miteinander
gemeit adj. froh, vergnügt
gemelich adj. lustvoll, freudevoll
genesen stv. lebend, heil davon kommen, gerettet werden; m. Gen. über etwas hinwegkommen
geniezen stv. m. Gen. Nutzen von etwas haben
genôte adv. angelegentlich
gerâten stv. anordnen; m. Infin.: anfange zu oder bloße Umschreibung des verb. finit.
gereit adj. bereit, zur Hand
gerihte stn. Rechtfertigung vor Gericht
gerinc stm. Streben
geringe adv. behende
geriuwen stv. in Betrübnis versetzen, gereuen
gern swv. begehren

gerne adv. begierig, mit Freude, gern
gesamenen swv. sammeln
geselleschaft stf. Genossenschaft
gesinde stn. Gefolgschaft
gesprechen stv. m. Dat. über einen sprechen
gestân v. an. stehenbleiben, zum Stehen kommen
geswîchen stv. m. Dat. im Stiche lassen
getiht stn. Dichtkunst
gevâhen, -vân stv. erfassen, erreichen, erlangen
gevarn stv. ergehen, geschehen
gevater(e) swm., f. Gevatter, Gevatterin
geverte stn. Bewegung; das Aufeinanderlosfahren
gevristen swv. aufschieben; refl. sich erhalten, retten
gevrumen swv. nützlich sein
gewære adj. wahrhaft, zuverlässig
gewærlich adj. zuverlässig
gewin stm. Erwerb, Vorteil
gewinnen stv. durch Mühe zu etwas gelangen, erwerben
gief stm. Narr
ginen, genen swv. das Maul aufsperren
gîtikeit stf. Gier
gletin, glete stf. (ursprünglich swf.) Glätte
gouch stm. Tor, Narr
griffel stm. (Schreib-) Griffel
grînen stv. den Mund verziehen: lachend, knurrend, weinend
gripfen, kripfen swv. rasch ergreifen
grîs adj. grau, greis
griulich adj. Grauen erregend
grogezen swv. heulen, wehklagen
grôzlich adj. groß
grundelôs adj. bodenlos, abgrundtief
grûwen swv. grauen, grausen
gügerel stm., n. Kopfschmuck (eines Tieres)

haben, hân swv. halten, festhalten
hac stm. Gebüsch
haft adj. gefangen
hagel stm. Hagel; bildl.: Unglück, Verderben
halbe stf., swf. Seite; *beidenhalben, beidenthalp* adv. auf beiden Seiten
halten stv. hüten, aufbewahren
harm stm. Hermelin
harte adv. kaum; höchst, sehr
heben stv. heben; *sich h. (gegen):* sich aufmachen (nach); anheben, beginnen
hebt s. *eht*

heimelîchen adv. heimisch, geheim, vertraut; 2000: in einer Weise,
  daß man fremden Augen entzogen ist, in vertrautem Kreise
hellen stv. ertönen, hallen
hepe swf. sichelförmiges Messer
herberge stf. Ort zum Übernachten für Fremde; Ort, Platz
hergecketzen s. *ergecketzen*
hernâch adv. nahe heran
herre, her, er swm. Herr, in der Anrede vor Eigennamen
heschen swv. schluchzen, wimmern
hetzen swv. hetzen, jagen
hin adv. hinweg
hinderwert adv. nach hinten
hirse, hirs swm., stm. Hirse
hirz stm. Hirsch
hirzîn adj. vom Hirsch
hiulen, hûlen swv. heulen
hôchgestüele stn. Hochsitze
hol stn. Loch
holt adj. wohlgeneigt, gewogen
hœnen, hônen swv. in Schande bringen, entehren
hœren swv. hören, herhören
hôster s. *(h)ôster*
houbetloch stn. Halsausschnitt eines Gewandes
hov stm. Hoftag, Gerichtsversammlung
hovegewant stn. Hofkleid
hôveschære, hobischere stm. der jemand den Hof macht, der galante
  Mann
hüeten swv. achtgeben; m. gen. bewachen

ie adv. zu aller, auf alle Zeit, immer
iener, iender adv. irgendwo
iesâ adv. Verstärkung von *sâ*: alsbald
iezuo, iezunt adv. gerade jetzt
iht, iet Pron.-Subst., n. (irgend) etwas
in, in adv. hinein
in-al-mitten adv. ganz in der Mitte
inbîz stn. Imbiß, Mahlzeit
inbîzen stv. eine Mahlzeit einnehmen, *inbizzen sîn* gespeist haben
ingesinde stn. Dienerschaft im Hause

jagerschaft stf. Jägerkunst
jehen stv. sagen; m. Gen. u. Akk. d. Sache: eingestehen, bekennen
jô interj. fürwahr

kalten swv. kalt werden
kamerære stm. Kämmerer

kamerwip stn. Kammerfrau; Konkubine
kel(e) sw., stf. Kehle
kêren swv. wenden, eine Richtung geben
kerzestal stn. Gestell für eine Kerze, Leuchter
kiesen stn. prüfend ersehen, wahrnehmen, herausfinden
klaffen swv. vom schallenden Gesang des Raben; schwatzen
kleine(e) adj. fein; klein, gering
knie stn. Knie
kochen swv. sieden, kochen
kolbe swm. Keule
kor(e)n swv. kosten, erproben
kranc adj. kraftlos, schwach
krût stn. Pflanze, Kraut
kündec adj. geschickt, listig
kündecheit stf. List, Verschlagenheit
kündeclich adj. listig, geschickt
küniclîn stn. Kaninchen
künne, kunne stn. Geschlecht, Familie, Verwandtschaft
künnelinc, küllinc stm. Verwandter
kuo (pl. *kuoge*) stf. Kuh
kuofe swf. Kufe
kuïbe swf. Kurbel, die Winde am Brunnen

lactewerie, latewâriâ stf., swf. durch Einkochen verdickter Saft, Latwerge
lâge stf. Hinterhalt, Nachstellung
lâgen swv. auflauern, nachstellen
lantreht stn. das in einem Land geltende Recht
lantvride stm. Landfrieden
last stm., f. Last
laster stn. Schmach
laz adj. matt
lâzen stv. lassen; *l. an:* überlassen, übertragen, 1650 *daz lân ich an reht* dagegen berufe ich mich auf das Recht; refl. *sich l. an* sich verlassen auf
lêbart, lewart stm. Leopard
lecherheit stf. Gaunerei, Schelmerei, Possen
legen swv. 1789 *zesamene l.* „componere"
leide stf. Abneigung, Mißgunst
leider adv. betrüblicher, schmerzlicher Weise
leisten swv. etwas befolgen, erfüllen; *einen tac. l.:* der Einladung zu einer Versammlung folgen
leit adj. betrübend, leidvoll
lêre stf. Anleitung, Unterweisung
lêreknabe swm. Schüler
ligen stv. liegen, daliegen

lîhen stv. zu Lehen geben
lîhte adv. leichlich, vielleicht, möglicherweise; ironisch: sicher
linsîn stf. Linse
list stm., f. Kunst, Schlauheit
liuten, lûten swv. die Glocken läuten
loben swv. loben, geloben
lôs adj. verschlagen, frech
losen swv. herhören
lügenære stm. Lügner
lugene, lugen stf. Lüge
lussam adj. angenehm, erfreulich

mâc stm. Verwandter
maht stf. Kraft, Menge
mære stn. Kunde, Erzählung, Geschichte, Sache; Gerücht, Gerede
mart stm. Marder
mâze stf. Maß
meiselîn stn. kleine Meise
merrint stn. Meerrind
mezzen stv. m. Dat.: zumessen, zuteilen, 806 einen Hieb auf jem. abzielen
miete stf. Lohn, Bestechung
minne stf. Liebe; Geliebte
minnest adj. superl. geringst
missehabe stf. übles Befinden
missehaben swv. refl.: sich übel befinden, sich grämen
missehüeten swv. schlecht achtgeben, schlecht vertreten
mist stn. Mist, Unrat
mitalle s. *al*
mitten adv. mitten, in der Mitte
müe(je)n swv. bekümmern, verdrießen
münchehof stm. zu einem Kloster gehöriger Hof
münchen swv. zum Mönche machen
muodinc stm. unglückliche, elende Kreatur
murmendîn stn. Murmeltier

nâch präp. nach, gemäß; adv. beinahe
nâchklanc stm. Nachklang
negelkîn, nelikîn stn. Gewürznelke
nemelîche adv. bestimmt, ausdrücklich; fürwahr
neve swm. Neffe; in weiterem Sinne: Verwandter, Vetter
niemêr, nimmê adv. nicht mehr, nicht länger
noch adv., konj. noch; und nicht, auch nicht
nône stf. die 9. Stunde (von 6 Uhr morgens ab gerechnet), überhaupt die Mittagszeit
nôt stf. Drangsal, Mühe, Not; Notwendigkeit

nôtlich adj. gefahrvoll, bedrückend
nummê adv. = *niemêr*
nütze adj. Nutzen bringend

ob konj. wenn
œde adj. öde, unbewohnt
offenen swv. eröffnen
olbente swf. Kamel
(h)ôster adv. im Osten; 938 so oder als *ôster* stm. Ostwind zu fassen; der Sinn ist: gegen Osten
ôstert adv. von Osten; nach Osten
ougenblick stm. Blick der Augen

pfaffe swm. Geistlicher, Priester
pflegen stv. sich eines Dinges annehmen, es üben, tun
pfulsen swv. das Wasser mit Stangen aufregen, zu lat. pulsare; *pfuolsen* zu *pfuol* „tiefe Stelle im Wasser"
prior, priol, briol stm. Prior
pris stm. Lob, Preis; *zeprise* preisenswert

rât stm. Rat, Ratschlag; Fürsorge; Vorrat, Nahrungsmittel
râten stv. raten; *an den lîp r.* nach dem Leben trachten
rede stf. Rede, Erzählung; Sache
rehte stf. Gerechtigkeit
rîcheit stf. Reichtum
rihte stf. gerade Richtung; *die rihte* adv. Akk. geradeaus; *in rihte, enrihte* räuml.: geradeaus, zeitl.: alsbald
rihten swv. in Ordnung bringen
rîm stm. Vers; pl. Verse bzw. zwei durch Reim verbundene Verse
rîs stn. Reis, Zweig
rit(e) st., swm. Fieber
rîten stv. sich fortbewegen, aufmachen, eine Richtung einschlagen; fahren, reiten
riuwære stm. Büßer
riuwec adj. bekümmert, traurig
riuwen stv. in Betrübnis versetzen, bekümmert sein
rone swm. umgefallener Baumstamm
rücke stm. Rücken
rüde swm. Hetzhund
rûmen swv. etwas verlassen, räumen
rupfen swv. zausen

sac stm., n. Tasche
sælde stf. Glück, Heil
sam adv., konj. ebenso; wie, auch als Einleitung elliptischer Beteuerungssätze: s. *mir got, mîn lîp* so wahr mir Gott helfe, so lieb mir mein Leben ist, bei Gott, bei meinem Leben

sâ[n] adv. alsbald
schade swm. Schaden, Schädigung, Böses
(ge)schal stm. Geräusch, Getöse
schalkeit stf. niedrige Gesinnung, Bosheit
schele swm. Hengst
schellen stv. schallen, ertönen
[scher, scere swm. Maulwurf
schiere adv. sogleich, schnell
(be)schinden stv. (prät. und part. prät. auch sw.) die Haut abziehen
schît stn. Stück Holz
schoch, scob Ausruf 597
schraz stm. Waldteufel, Kobold
schrîbære stm. Schreiber, Kanzler
schrîen stv., swv. rufen, schreien
schupfen swv. durch Stoßen in Bewegung bringen, antreiben, schleudern
selten adv. selten; nie
seltsæne adj. seltsam, fremdartig, selten
semelich adj. ebenso beschaffen, gleichartig
senfte stf. Gemächlichkeit
senftecliche adv. sanftmütig, ruhig, still
sente sanctus, s. *Galle* S. Gallus
sêr stn., m. Schmerz
sêr(e) adv. schmerzlich, heftig; sehr
sezzen swv. setzen, 1601: versetzen
sider adv. hernach
siech adj. krank
siechtage swm. Siechtum
sin stm. Verstand, Gedanken, Überlegung
sippebluot stn. verwandtes Blut, Verwandtschaft
sît, sint adv. u. konj. späterhin; nachdem; da, weil
site stm. Art und Weise, Brauch
sizzen stv. sitzen, wohnen; als Herrscher sitzen, herrschen; sich setzen
slaht(e) stf. Art
slec stm. Leckermaul, Fresser
slîchen stv. leise gleiten, gehen, schleichen
sliefen stv. schlüpfen
slifen stv. gleitend, hinfahren, hinsinken
slipf stm. das Ausgleiten
smecken swv. riechen, stinken
[smücken swv. refl.: sich zusammenschmiegen, ducken
snel adj. rasch, kühn
snellekeit stf. Raschheit, Geschicklichkeit
sœdelin stn. Brühe
sôt stm. Brunnen

spache swm. dürres Holzstück

spalten stv. spalten

sparn swv. schonen

spiln swv. sich lebhaft, freudig bewegen

spor stn., f. Fährte, Spur

sprechen stv. *einen tac s.*: festsetzen, anberaumen; refl.: sich besprechen; *einem s.*: jem. einen Namen geben, ihn nennen (der Name steht im Nomin.)

sprenzinc stm. einer, der einherstolziert, Geck

stabilîn stn. Stäbchen

stân stv. stehen, bleiben, bleibenlassen

stanc stm. Geruch, Gestank

stat stf. Ort, Stelle; *an dirre st.*: auf der Stelle, sogleich

state stf. alles, wodurch es möglich wird, etwas ins Werk zu setzen; gute Gelegenheit; Hilfe

stere swm. Widder

stiuren swv. mit dem Steuer lenken; Einhalt tun, mäßigen

stolz adj. töricht, übermütig

strichen stv. sich rasch bewegen, fliegen

strîtec adj. kampflustig

stunt stf. hinter Zahlwort: -mal, *ze st.*: sogleich

stupfen swv. stoßen, antreiben

stürmen 1. swv. Sturm läuten

stürmen 2. swv. 740 P „Fische aufstören"

sûfen, soufen stv. schlürfen, trinken

sûmen swv.; refl.: sich aufhalten, verzögern

süener stm. Versöhner

suone stf. Sühne

suoze adv. angenehm, lieblich

sus(t) adv. so, in solchem Grade, so sehr, in solcher Weise

swach adj. schlecht, gering

(ge)swachen swv. gering, verächtlich machen

swanc stm. Schwung, Hieb; Streich

swære adj. wehtuend, schmerzlich, bedrückend

swæren swv. schwer werden

swelle swf. Balken

swenden swv. zunichte machen

swern stv. schmerzen

swie konj. kondit.: wenn irgend, wenn; konzess.: obgleich

tac stm. Tag; 1082 Gerichtstag, Gericht

tagelanc, tâlanc, dâlanc, tâlent adv. (von jetzt ab) den Tag hindurch, zu dieser Zeit des Tages

teil stn., m. Teil, *ein t.*: ein wenig; ironisch: gar sehr

tîch stm. Teich

tihten swv. schreiben; schriftlich abfassen, dichten, künstlerisch hervorbringen
tiur(e), tiwer adj. von hohem Wert, kostbar; teuer, knapp
tôreht adj. töricht, närrisch
trâs s. *drâs*
trehtîn stm. der Herr (Gott)
triegen stv. betrügen; *herabe tr.*: durch Betrug heranlocken
triegen stn. Betrügen, Trügerei
trôst stm. Zuversicht
trût adj. lieb, vertraut
trût stm. Geliebter
trûwen, trowen swv. Zuversicht haben, trauen
tuc, duc stm. Streich, schnelle Bewegung
tump adj. töricht, unbesonnen

über präp., adv. über
überbreht stm. übermäßiger Lärm
überbrehten stn. übermäßiges Lärmen
überkundigen swv. überlisten
überwerden s. *werden*
ûferschricken swv. aufschrecken (aus dem Schlafe)
ûfhaben, ûfhân swv. in die Höhe halten, hoch heben
umbe präp. um, im Kreise (räuml.); wegen; über
umbevân stv. umarmen
unberâten part. adj. ohne *rât* (Vorrat), dem Mangel preisgegeben
unbillich adj. unrecht, nicht gemäß
undâre adv. unpassend, unfreundlich
under präp. unter; zwischen
(ge)unêren swv. schänden
unerkant part. adj. unbekannt
ungelat 784: part. adj. zu *letzen, latte, gelat* unbeschädigt
ungelogen part. adj. nicht erlogen, wahr
ungemach adj. unangenehm
ungemach stn., m. Unbequemlichkeit, Verdruß
ungerichtet part. prät. nicht gerichtet, nicht in die rechte Ordnung gebracht
ungetelle adv. ungeschickt, plump
ungezogenheit stf. zuchtloses, unhöfisches Benehmen
unkust stf. Bosheit, Hinterlist, Falschheit
unmaht stf. Besinnungslosigkeit
unmâze stf. Maßlosigkeit
unminne stf., swf. Unfreundlichkeit, Lieblosigkeit, Feindseligkeit, Streit
unvergolden part. adj. unbezahlt, unvergolten, ungebüßt
unverwânet part. adj. unvermutet
unwert stm. Geringschätzung, Schmach

unwitze stf. Unverstand
unz präp. bis zu
unzîtic adj. nicht zur rechten Zeit geschehend, unpassend
üppec adj. überflüssig, unnütz
üppeclîchen adv. überflüssig, nichtig, ohne Grund
üppekeit stf. Nichtigkeit, Leichtfertigkeit
ûr stm. Auerochse
urliuge stn. Krieg, Fehde
urteil stn., stf. Urteil, richterliche Entscheidung
urteilære stm. Richter
ûzbrechen stv. herausreißen
ûze adv. außen, draußen
ûzer = *ûz* der

vâhen, vân stv. ergreifen; *herwider v.*: zurückgreifen
valle st., swf. Falle
valten stv., refl.: sich zusammenfalten
var stf. Weg, Bahn
vart stf. Fährte
vaste adv. fest, stark; sehr, recht, tüchtig
vêch stn. Pelzwerk, besond. von Hermelin, 1342 das Tier selbst: Hermelin oder Eichhörnchen
veizet, veizt adj. gemästet, feist
verbern stv. nicht haben, aufgeben
verbrüejen swv. verbrühen
verchvient stm. Todfeind
verderben stv. zugrunde gehen, umkommen
verenden swv. vollführen
vergân v. an. vergehen, vorübergehen; trans.: vorübergehen an, übergehen
vergeben m. Dat. d. Pers.: vergiften
vergelten stv. zurückerstatten
verheln stv. verbergen
verkêren swv. ins Gegenteil kehren, eine falsche Richtung geben
verklagen swv. zu Ende beklagen
verlâzen, verlân stv. hinterlassen, lassen
vermîden stv. unterlassen
vermissen swv. nicht treffen
vernemen stv. anhören, vernehmen, erfahren; m. Dat. d. Pers.: hören auf
verre adv. entfernt, von weitem; weit, sehr
versagen swv. absagen
versieden stv. kochen
versmâhen swv. verachten, geringschätzen
versprechen stv. verreden, durch Rede zurückweisen, verzichten auf
verspringen stv. „durch Sprung einbüßen"

verstân stv. trans.: durch Davorstehen jemandem den Zutritt wehren;
  refl.: etwas einsehen, verstehen
versûmen swv. refl.: saumselig, nachlässig sein
versuochen swv. zu erfahren suchen
verteilen swv. m. Dat. d. Pers.: jem. verurteilen, durch Urteil etwas
  absprechen
vertragen stv. ertragen, erdulden
verwerten swv. schlecht machen, verderben, verletzen 1406
verwîzen stv. tadelnd vorwerfen
verziehen stv. versagen
vestin stf. (ursprünglich swf.) Festung
vil(l)ân stm. Bauer
vinsterîn stf. (ursprünglich swf.) Finsternis
vitich, vitiche stm., swf., m. Fittich
vlîz stm. Beflissenheit, Eifer
vlîzen stv. refl.: sich beeifern, bemühen
vor adv. räuml. u. zeitl.: voraus, vorher
vorder adj. räumlich vorausgehend, vorder
vorder(e) swm., f. Vorfahr; pl.: Ahnen, Eltern
vorekommen stv. erscheinen, offenbar werden
vregen swv. = *vrâgen*
vreislich adj. schrecklich
vremde, vremede adj. fern, fremd, seltsam, wundersam
vremdecliche adv. fremd, fremdartig
vrezzen stv. aufessen, fressen
vrîen swv. freien, heiraten; begatten
vriundinne, vriundin stf. Freundin, Geliebte
vriunt stm. Freund, Geliebter
vrôn adj. was den Herrn betrifft, heilig
vrouwe, vor, ver swf., stf. Herrin, Dame; als Titel vor Eigennamen
vrume swm. Nutzen, Vorteil; *ze vrumen*: hinlänglich
vrümec adj. brav
vrumen swv. vorwärtsschaffen, schaffen, bereiten
vruo adv. früh
vürbaz adv. weiter, ferner (in Raum u. Zeit)
vürhten swv. Furcht, Besorgnis empfinden; m. Gen.: für
vürkomen stv. heraus-, zum Vorschein kommen, erscheinen; zustande
  kommen
vür-, vorspreche swm. Verteidiger vor Gericht, Anwalt

wâ pron. adv. wo; woher
wallekappe swf. Reisemantel (Pilgermantel?)
wan, wen, wenne adv. u. konj. nur; außer, ausgenommen, ausgenom-
  men daß (wenn nicht wäre)
wanc stm. eine Bewegung nach vorn, zur Seite oder rückwärts; 1174
  ûf sine gevateren tet er einen w.: sprang auf sie; tückischer Streich

wande, want (wenne, wan, wen) Fragew. u. konj. warum nicht? denn, weil

wandel stn. Wandel; Schadenersatz, Buße; im Gerichtsverfahren die Möglichkeit der Wiedergutmachung eines Versehens von seiten des Fürsprechen durch den Klienten selbst oder einen andern, ohne daß dem Klienten daraus ein Schaden ersteht

wænen swv. meinen, glauben

war adv. wohin?

warnen swv. aufmerksam machen

warnen stn. Warnen, Behüten

warte stf. Wacht; Warte (Platz, von dem aus man späht)

warten swv. acht haben, sich versehen, sorgen für

weck(e) stm., swm. Keil

weich adj. schwach

weideman stm. Jäger

weigern swv. m. Gen. d. Sache: sich widersetzen

wênic adj. beweinenswert, elend; gering; wenig; adv.: vielfach in der Bedeutung: gar nicht; interj.: leider!

wenken swv. weichen

werben stv. sich umtun, bemühen, tätig sein, betreiben; werben um

werden stv. eine Richtung einschlagen; werden; 1653 *über w.* m. Genit.: einer Sache überhoben werden

werfen stv. werfen, schleudern

wert adj. angesehen, hoch geschätzt

wes adv. weshalb

wide stf. Strang aus gedrehten Reisern, *bî der w.*: bei Strafe des Henkens, bei Todesstrafe

wider präp. wider, gegen (freundlich und feindlich); adv. entgegen, zurück, wiederum

widergân stv. entgegengehen, begegnen

widerkêr stm. Rückkehr (zum Ausgangspunkt)

widermuot stm. Unmut, Zorn

widersagen swv. das Gegenteil von etwas sagen, verneinen

widervart stf. Umkehr, Rückreise

widerwanc stm. Bewegung nach rückwärts

wie Fragew. 1396 warum

wiger, wiher s. *wiwære*

wilde adj. ungezähmt, in der Wildnis wohnend. fremdartig

wile stf. Zeit; *die w.* adv. Acc.: die Zeit hindurch, konj. so lange als

wirt stm. Hausherr

wirtinne stf. Hausfrau, Herrin

wise swf. Wiese

wisen(t) stm. Wisent

witen adv. weithin

witz stf. Verstand, Einsicht

wiwære, wiher, wiger stm. Weiher, Teich (*vivarium*)

wonen swv. sich aufhalten, weilen
worgen swv. ersticken; Laute wie ein Erstickender von sich geben
wundern- als erster Teil von Kompositis zur Verstärkung des Begriffs überaus
wundern-balde adv. überaus schnell
wunne stf. Freude, Lust, Wonne
wurz stf. Pflanze

zage swm. Feigling
zagel stm. Schwanz
zagelstrumpf stm. Stumpf eines Schwanzes
zannen swv. knurren; den Mund verziehen
zehant adv. auf der Stelle, sogleich
zehenzic Zahlw. hundert
zelle swf. Zelle; 827: Klostergut
zerbliuwen stv. zerbleuen
zersliſen stv. auseinandergehen
zese adj. recht, dexter
zesenden swv. versenden, nach allen Richtungen auseinander senden
ziehen stv. ziehen, bringen, führen; schwingen
zine-nin stm. Zimt
zît stf., n. *ich hân z.:* es ist für mich die höchste Zeit, *an der z.:* zur rechten Zeit
zorn stm. Zorn, Beleidigung
zorn adj. zornig, erzürnt; *mir ist z.:* es erzürnt mich
zücken, zucken swv. mit Gewalt ziehen

Inhalt

Fuchs Reinhart 5

Nachwort 118
Sacherläuterungen 130
Glossar 134

Röderberg-Taschenbuch Band 53

Alle Rechte an den Texten gehören dem VEB Bibliographisches Institut Leipzig (mittelhochdeutsche Fassung und Glossar) und dem Aufbau-Verlag Berlin und Weimar (neuhochdeutsche Fassung).
1. Auflage
Reihenentwurf: Irmgard Horlbeck-Kappler
Gesetzt aus Garamond-Antiqua
Printed in the German Democratic Republic 1977
Gesamtherstellung:
Grafischer Großbetrieb Völkerfreundschaft Dresden
ISBN 3 87682 429 X